CON FANTASIA

WORKBOOK & LABORATORY MANUAL

Based on Materials Provided by

THOMAS D. CRAVENS

JANICE M. ASKI

HH

Heinle & Heinle Publishers

I(T)P   An International Thomson Publishing Company

Pacific Grove • Albany, NY • Belmont, CA • Bonn • Boston • Cincinnati, OH • Detroit • London • Madrid
Melbourne • Mexico City • New York • Paris • San Francisco • Singapore • Tokyo • Toronto • Washington

Manufactured in the United States of America

ISBN: 0-8384-5974-9

10 9 8 7 6 5 4 3

CONTENTS

WORKBOOK

NEL LABORATORIO

CON FANTASIA

WORKBOOK

 **WORKBOOK**

CAPITOLO 4

Sei videodipendente?

LA LINGUA

I. Il presente progressivo

 NOTA BENE:
The present tense can describe either habitual actions or actions occurring in the present. Since the Italian present progressive denotes action in progress, it is not used for future actions. The present tense or the future tense is used to describe actions in the future.

A. Proviamo un po'. Scegli il presente progressivo se è possibile nel contesto. (Il presente è possibile in tutti i casi.)

1. Di solito Donatella (mangia) / sta mangiando poco.

2. Ma quando finirai quel lavoro?!—Lo finisco / (sto finendo) proprio ora!

3. Accidenti, Marco! Che chiasso! Che fai / (stai facendo?)

4. A Berto non piace il vino. Non (lo beve) / sta bevendo mai.

5. Il professore non (fa) / sta facendo mai colazione perché ha sempre fretta.

6. Domani mi (compro) / sto comprando un bel computer.

7. Che buon odore! Beppino cucina / (sta cucinando) qualcosa di molto buono!

8. Non ho studiato tutto il fine settimana, ma studio / (sto studiando) ora.

B. Un po' di pratica. Riscrivere le frasi con il presente progressivo.

1. Gino legge il giornale stamattina. _sta leggendo_

2. Ascolto la radio adesso. _sto ascoltando_

3. Quale vino beviamo? _stano bevendo_

4. I bimbi non fanno niente. _steno facendo_

5. Mia madre lavora. _sta lavorando_

6. Che dici? _stai dicendo_

7. Che cosa mangiate? _state mangiando_

8. Luigi fa i compiti? _sta facendo_

9. Partiamo proprio ora. _stiamo partendo_

10. Gli invitati arrivano. _steno arrivando_

II. I nomi e gli aggettivi

A. Proviamo un po'. Prima, scrivi l'articolo indefinito. Poi, scrivi il nome e l'aggettivo plurale.

1. _un_ computer americano   due _computer americani_
2. _Una_ vecchia moto   molte _moto vecchie_
3. _una_ bici nuova   due _bici nuove_
4. _un_ bar spagnolo   alcuni _bar spagnoli_
5. _uno_ sport divertente   vari _sport divertenti_
6. _un_ caffè buonissmo   due _caffè buonissimi_
7. _un_ problema difficile   tanti _problema difficili_
8. _un_ programma interessante   parecchi _programmi interessanti_
9. _una_ bella foto   tante _belle foto_
10. _un_ cinema aperto   dei _cinema aperti_

> **NOTA BENE:**
> _Buono_ and _bello_ are very simple. When preceding the noun they modify, the variant to use is determined as is that of the indefinite article: gender and number are determined by the noun, and the form is determined by the word that immediately follows _buono_ or _bello_.

B. Proviamo un po', con _bello_.

1. Lo zaino di Marco è _bello_. Sì, Marco ha un _bello_ zaino.

2. Che _bel_ cane! Non trovi che quel cane sia _bello_?

3. Hai visto i _bei_ bambini di Marisa? Sì, sono proprio _belli_.

4. È un _bello_ stadio, forse lo stadio più _bello_ che ci sia.

5. Che _bello_ sport, quelli d'inverno! Sì, gli sport invernali sono _belli_.

6. Che _bei_ occhi che hai? Anche tua sorella ha gli occhi così _belli_?

C. Adesso con _buono_.

1. Vorrei un _buon_ caffè; un espresso proprio _buono_.
2. Che _buon_ aranciata! Sì, l'aranciata amara è _buona_.
3. Mi sono comprato un _buono_ stereo. Quello vecchio non è _buono_.
4. Che _buona_ radio che hai! La mia non è _buona_.

5. Sono ___buone___ le moto italiane? Sì, secondo me sono

___buone___ moto.

6. Marco è un ___buon___ studente. Come studente anche suo fratello è

___buono___.

D. Santo. Studia un po' la spiegazione delle forme di *santo* nel testo. Poi scrivi le forme giuste qui.

1. _____ Pietro   6. _____ Agata

2. _____ Stefano   7. _____ Caterina

3. _____ Lazzaro   8. _____ Elena

4. _____ Onofrio   9. _____ Maria

5. _____ Marco   10. _____ Anna

E. Grande. Fa' la stessa cosa per *grande*, ma questa volta anche al plurale.

1. _____ professore, _____ professori

2. _____ professoressa, _____ professoresse

3. _____ attrice, _____ attrici

4. _____ attore, _____ attori

5. _____ sport, _____ sport

6. _____ libro, _____ libri

7. _____ spumante, _____ spumanti

8. _____ italiano, _____ italiani

9. _____ italiana, _____ italiane

III. Posizione degli aggettivi

A. Proviamo un po'. Scrivi la forma adatta dell'aggettivo (*bello, bravo, buono, caro, grande, povero, vecchio*) nella posizione giusta.

1. Quella donna è molto ricca ma sfortunatissima. È una _____

donna _____.

2. La mia macchina è costosissima. È una _____ macchina

_____.

3. Conosco quel giovane da vent'anni. È un _____ amico

_____.

4. Il dottor Toniolo è molto rispettato. È un _____ professore

_____.

5. Giuseppe è senza soldi. Per il momento è un _____ ragazzo

_____.

6. Gianna è molto gentile. E una _____ ragazza

_____.

7. Conosco soltanto gente giovane qui. Non ho un _____ amico

_____.

8. La Porsche è una _____ macchina _____.

VOCABOLARIO E LETTURA

I popcorn, le patatine e i salatini sono già
finiti e non abbiamo ancora acceso la TV!

Mi avete detto che non doveva guardare la
TV oltre le 8 no?

A. Vocabolario: La televisione vs. la parola scritta. Scrivi *TV* accanto alle parole che si
associano con la televisione e *CS* accanto alle parole che si associano con la comunicazione scritta. Lascia vuoti (*empty*) gli spazi accanto alle parole che non c'entrano nè con la
televisione nè con la comunicazione scritta.

CS	la casa editrice		la scelta
TV	accendere	TV	il canale
TV	il documentario	CS	il giornale
	giocare	TV	il/la regista
CS	la rivista	TV	lo schermo
CS	il romanzo	TV	spegnere
TV	la trasmissione	CS	la stampa
	suonare	TV	funzionare

B. Mezzi di comunicazione. Collega le frasi in A con i vocaboli in B.

A

1. Lo leggo di mattina mentre faccio colazione.
2. Cambio canale senza alzarmi dalla poltrona.
3. Guardo un film senza andare al cinema.
4. L'ascolto in macchina mentre vado a lavorare.
5. Guardo questo programma ogni giovedì sera alle otto.
6. In Italia ce ne sono tre.

B

a. il telecomando
b. le reti statali
c. la stampa
d. il giornale
e. il giornale radio
f. il programma a puntate
g. il videoregistratore

C. I verbi. Completa le frasi con la forma corretta del verbo necessario. Scegli dai verbi forniti.

lavorare o funzionare:

1. È dal momento che l'ho comprato e portato a casa che ho problemi con il mio lettore di dischi laser. Non capisco perché non _____!

2. Mia madre _____ in ufficio 5 giorni / 40 ore alla settimana.

suonare o giocare:

3. Quando torno a casa al pomeriggio _____ la chitarra per delle ore. Mio fratello è diverso. Lui torna a casa con un amico e _____ a scacchi tutta la sera.

accendere o spegnere:

4. Quando entro in una stanza, _____ la luce e quando esco da una stanza, _____ la luce.

volerci o occorrere:

5. Per andare da Bologna a Fano in macchina _____ due ore. Per fare il viaggio da Bologna a Pesaro, _____ solo un'ora.

D. Le congiunzioni. Trova l'equivalente italiano per le congiunzioni inglesi.

1. although _____   5. so that _____

2. before _____   6. without _____

3. wherever _____   7. unless _____

4. provided that _____

E. Ancora le congiunzioni. Scrivi una frase usando ciascuna congiunzione. Attenzione all'uso del congiuntivo.

1. benché _____

2. dovunque _____

3. purché _____

4. senza che _____

5. prima che _____

6. a meno che... non_____

7. affinché _____

F. **Lettura.** Cerca le seguenti informazioni sulla lista dei programmi del 20 febbraio.

1. Studia i programmi che sono sulla RAI 3 e sulla Rete 4. Elenca i titoli di tutti *i film*. (Aiuto: Ce ne sono 8!)

   _____   _____   _____

   _____   _____   _____

   _____   _____   _____

2. I film che hai elencato in 1 sono film italiani? Di quale nazionalità sono?

   _____

   _____

   _____

3. Scrivi i titoli dei *telefilm* sulla Rete 4.

   _____   _____

4. Scrivi i titoli delle *telenovele* sulla Rete 4.

   _____   _____

5. Quali sono le differenze tra un film, un telefilm e una telenovela?

   _____

   _____

   _____

G. Quale programma stanno guardando? Queste persone sono a casa e stanno guardando la televisione. Leggi il breve riassunto di *Quelli che il calcio. . .*, *Tunnel*, *Eppur si muove*, *Maddalena*, *Celeste* e *Un amore americano*. Secondo la descrizione di ogni persona, decidi quale film stanno guardando.

Cinzia: 28 anni; sportiva; avida sostenitrice del *Milan*, la sua squadra preferita di calcio.

Cinzia sta guardando _____.

Gino: 49 anni; professore di fisica. Fra un mese parte per la California dove insegnerà per 9 mesi.

Gino _____.

Mario: 22 anni. Oggi Mario non va a lezione perché vuole guardare la puntata della sua telenovela preferita in cui la protagonista finalmente si sposa.

Mario _____.

Silvia: 33 anni. Silvia legge molte riviste di arte e cultura italiana. Le piace sapere tutte le novità del paese.

Silvia _____.

SINTESI E ESPANSIONE

A. Il gerundio. Descrivi quello che stanno facendo le persone nel disegno. Usa il presente progressivo.

_____

_____

_____

_____

_____

_____

B. Il congiuntivo vs. l'indicativo. Decidi se si usa il congiuntivo o l'indicativo dopo le seguenti frasi.

	Indicativo	Congiuntivo
1. È strano che...		✓
2. Mario è certo che...	✓	
3. Sebbene...		✓
4. Gina e Enrica vogliono che...		✓
5. *Gunsmoke* è il più bel programma...	✓	
6. Non c'è dubbio che...	✓	
7. Andiamo al cinema purché...		✓
8. Ti do i soldi prima che tu...		✓
9. Silvio non esce a meno che...		✓
10. È bene che voi...	✓	

Adesso, completa le frasi.

1. _____

2. _____

3. _____

4. _____

5. _____

6. _____

7. _____

8. _____

9. _____

10. _____

C. Al lavoro! Stai cercando un nuovo lavoro. Scegli uno di questi annunci e rispondi con una lettera in cui spieghi chi sei, la ragione per cui cerchi un nuovo lavoro e perché tu sei la persona giusta per il posto.

> Società import-export cerca elemento con esperienza, senso di responsabilità, padronanza inglese, referenze e curriculum. Scrivere a Corriere 99-G 20100 Milano.
>
> Ufficio commerciale export cerca receptionist inglese, francese e/o spagnolo. Scrivere a Corriere 959-P 20100 Milano.
>
> Software house di primaria importanza cerca programmatore con esperienza ambiente Windows. Retribuzione commisurata esperienza. Scrivere a Corriere 95-X 20110 Milano.

_____
_____
_____
_____
_____
_____
_____
_____
_____
_____
_____
_____
_____
_____
_____

D. Ancora al lavoro! Stai ancora cercando un nuovo lavoro. Scegli uno di questi annunci e telefona per avere più informazioni e per fissare un appuntamento per un'intervista. Scrivi la conversazione con la segretaria/il segretario o con il/la direttore.

> Club sportivo a Roma cerca istruttori/istruttrici body building 18–29 anni. Retribuzione de 1,8 a 2,0 milioni previo corso di formazione. Telefonare dalle 15.30 alle 17.00 allo 06-995995.
>
> Azienda multinazionale a Milano ricerca ragazzi/e 20–30 anni per reception. Retribuzioni da 2,0 a 2,5 milioni previo corso di formazione. Telefonare dalle 15.30 alle 18.00 allo 02-995994.
>
> Società multinazionale a Bologna cerca assistente alle vendite export. Sono richiesti esperienza acquista, ottima conoscenza della lingua inglese parlata e scritta. Telefonare allo 051-949994.

_____
_____
_____
_____
_____
_____
_____
_____
_____
_____

E. L'amica perduta! Quando Francesco aveva 15 anni, i suoi genitori si sono trasferiti da Milano a Palermo. Francesco aveva una buon'amica che si chiamava Teresa con cui ha perso i contatti quando ha lasciato Milano.

Adesso Francesco ha venticinque anni e ha voglia di mettersi in contatto con Teresa. Ha voglia di sapere quello che sta facendo e vorrebbe raccontarle tutte le sue novità come il suo nuovo lavoro alla RAI, il nuovo appartamento, ecc. Trova il suo indirizzo e le scrive. Immagina la lettera da Francesco a Teresa.

_____
_____
_____
_____
_____
_____
_____
_____
_____
_____

F. Perché non risponde? Teresa non risponde alla lettera di Francesco, così Francesco decide di telefonare. Immagina la conversazione tra i due amici.

_____
_____
_____
_____
_____
_____
_____
_____

Un vero "computer" da polso

LA LINGUA

I. I verbi riflessivi

A. Proviamo un po'. Scrivi la forma giusta.

1. (lavare/lavarsi)   Gina _____ prima di fare colazione.

2. (lavare/lavarsi)   Domani io _____ la macchina. È sporchissima.

3. (svegliare/svegliarsi) Io _____ alle sette perché devo uscire alle otto.

4. (svegliare/svegliarsi) Tu _____ i bambini? Devono andare a scuola.

5. (chiamare/chiamarsi)   Beppe _____ i suoi genitori il sabato.

6. (chiamare/chiamarsi)   Come _____ quel ragazzo? Non lo conosco.

7. (scrivere/scriversi)   Io e Marco _____ spesso. Siamo molto amici.

8. (scrivere/scriversi)   Infatti oggi gli _____ una lunga lettera.

9. (mettere/mettersi)   Mario _____ il vino rosso in frigo? Ma non è possibile!

10. (mettere/mettersi)   Mario _____ la cravatta. È un tipo elegante.

B. Tu, cosa fai? Rispondi alle domande.

1. Ti lavi di sera o di mattina?   _____

2. Ti arrabbi spesso?   _____

3. A che ora ti svegli?   _____

4. A che ora ti alzi?   _____

5. Ti trucchi? / Ti fai la barba?   _____

6. Come ti senti oggi?   _____

7. Ti annoi facilmente?   _____

8. Ti preoccupi di tante cose?   _____

II. All'imperativo

A. Proviamo un po'. Scegli i verbi dalla lista.

alzarsi calmarsi fermarsi lavarsi mettersi preoccuparsi sbrigarsi sedersi

1. (Il tuo amico Marco vuole indossare la cravatta.) Marco! Non _____

   la cravatta! _____ una bella camicia e basta!

2. (I bimbi stanno per lavarsi con il detersivo per i piatti.) Bimbi, non

   _____ con quello! _____ con questo sapone.

3. (Il Signor Renzi si alza ogni volta che tu entri nella stanza. È troppo.) Signor Renzi, per

   favore non _____. _____, per piacere.

4. (La tua amica è sempre preoccupata.) Mirella, non _____ di niente.

   _____!

5. (Tu e i tuoi amici siete in ritardo per un concerto. Alcuni vogliono fermarsi per mangiare

   qualcosa.) Ragazzi, non _____! Siamo in ritardo! _____!

B. Stai facendo il/la babysitter. Beppino è molto simpatico e un po' spiritoso. Tu gli dici di fare tante cose, ma poi scopri che farà una cosa solo se gli dici di *non* farlo.

	Positivo	Negativo
1. (alzarsi)	*Beppino, alzati!*	*Beppino, non ti alzare!*
2. (lavarsi)	_____	_____
3. (pettinarsi)	_____	_____
4. (vestirsi)	_____	_____
5. (mettersi le scarpe)	_____	_____
6 (sbrigarsi)	_____	_____
7. (sedersi a tavola)	_____	_____

III. I dimostrativi: *quello* e *questo*

A. Proviamo quell'esercizio. Scrivi la forma adatta di *quello*.

1. _____ automobile
   _____ vecchia automobile

   _____ automobili
   _____ vecchie automobili

2. _____ zaino
   _____ brutto zaino

   _____ zaini
   _____ brutti zaini

3. _____ italiano
   _____ bell'italiano

   _____ italiani
   _____ begli italiani

4. _____ gatto
   _____ bel gatto

   _____ gatti
   _____ bei gatti

5. _____ vino
   _____ schifoso vino

   _____ vini
   _____ schifosi vini

6. _____ macchina   _____ macchine
   _____ orribile macchina   _____ orribili macchine
7. _____ studente   _____ studenti
   _____ bravo studente   _____ bravi studenti
8. _____ libro   _____ libri
   _____ stupendo libro   _____ stupendi libri

B. Poi quest'esercizio. Fa' lo stesso esercizio con *questo*.

1. _____ automobile   _____ automobili
   _____ vecchia automobile   _____ vecchie automobili
2. _____ zaino   _____ zaini
   _____ brutto zaino   _____ brutti zaini
3. _____ italiano   _____ italiani
   _____ bell'italiano   _____ begli italiani
4. _____ gatto   _____ gatti
   _____ bel gatto   _____ bei gatti
5. _____ vino   _____ vini
   _____ schifoso vino   _____ schifosi vini
6. _____ macchina   _____ macchine
   _____ orribile macchina   _____ orribili macchine
7. _____ studente   _____ studenti
   _____ bravo studente   _____ bravi studenti
8. _____ libro   _____ libri
   _____ stupendo libro   _____ stupendi libri

C. *Questo* e *quello* come pronomi

Rispondi, secondo i modelli.

1. È tuo quel libro?   No, *quello non è mio* _____ .
2. È mia questa penna?   Sì, *questa è tua* _____ .
3. È tuo quell'orologio?   Sì, _____ .
4. Sono vostri quei cani?   No, _____ .
5. Sono nostri quegli zaini?   Sì, _____ .
6. È tua quell'auto?   No, _____ .
7. È suo quest'anello?   No, _____ .
8. È tuo quel gatto?   Sì, _____ .
9. Sono miei quegli spaghetti? Sì, _____ .

VOCABOLARIO E LETTURA

I. Vocabolario

A. I mesi e le stagioni. Quali mesi associ con le stagioni?

la primavera: _____

l'estate: _____

l'autunno: _____

l'inverno: _____

Qual è la tua stagione preferita? Perché? _____

_____

Qual è il tuo mese preferito? Perché? _____

_____

Qual è il tuo giorno preferito? Perché? _____

_____

B. Al negozio. In centro tutti i negozi fanno le svendite (*sales*) e non puoi resistere a fare le compere. Purtroppo stamattina sei uscito/a di casa senza contanti e devi pagare tutto con un assegno. Scrivi il prezzo delle cose che scegli.

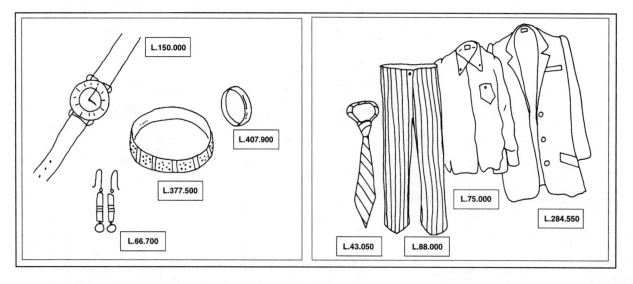

L.150.000

L.407.900

L.377.500

L.66.700

L.75.000

L.284.550

L.43.050

L.88.000

1. l'orologio _____

2. la collana _____

3. l'anello _____

4. gli orecchini _____

5. i pantaloni _____

6. la camicia _____

7. la cravatta _____

8. la giacca _____

C. Che ora è? Scrivete l'ora.

1. 3:22 P.M.
   Sono le tre e ventidue del pomeriggio.

2. 5:15 A.M.

5. 11:35 P.M.

3. 7:45 A.M.

6. 1:10 P.M.

4. 12:00 A.M.

7. 8:30 P.M.

D. A che ora? Rispondi alle domande.

1. A che ora ti svegli la mattina? A che ora ti alzi?

2. A che ora fai colazione?

3. A che ora vai a lezione d'italiano?

4. A che ora torni a casa la sera?

5. A che ora vai a letto?

E. Rapporti di tempo. Sostituisci la frase sottolineata con il suo contrario dalla lista e riscrivi tutta la frase. Se è necessario, cambia il tempo del verbo.

in anticipo	oggi pomeriggio	dopodomani	tardi
in ritardo	spesso	scorso	

1. Gianni verrà a trovarmi <u>lunedì prossimo</u>.
   Gianni è venuto a trovarmi lunedì scorso.

2. Sara arriva sempre <u>in anticipo</u>.

3. <u>L'altro ieri</u> ho comprato un anello.

4. <u>Ieri pomeriggio</u> ho telefonato a Simone.

5. Mario legge il giornale <u>di rado</u>.

6. Il treno è <u>in ritardo</u>.

7. Sono le due. È <u>presto</u>!

F. La data. Quando gli italiani abbreviano la data, scrivono il giorno, il mese, l'anno. Questo sistema è differente da quello americano:

in Italia, 3/9/64 = il 3 settembre 1964
negli USA, 3/9/64 = March 9, 1964

Scrivi le date dei giorni festivi o speciali usando il sistema italiano:

1. La giornata della donna (8/3) _____

2. La festa del lavoro (1/5) _____

3. Capodanno (1/1) _____

4. Epifania (6/1) _____

5. Assunzione (Ferragosto) (15/8) _____

6. Santo Stefano (il primo martire cristiano) (26/12) _____

_____

7. Natale (25/12) _____

8. Ognissanti (1/11) _____

II. Lettura

A. Feste popolari e antiche tradizioni. Ogni regione o meglio ogni città ha le sue tradizioni o feste. Il brano che segue descrive le tradizioni e le feste dell'Abruzzo e del Molise. Leggi il brano e rispondi alle domande in inglese.

L'isolamento[1] dell'Abruzzo e del Molise ha favorito il folklore e la conservazione di antiche tradizioni e feste che si ripetono ogni anno nelle strade e nelle piazze con una forte partecipazione popolare. Il sentimento religioso è stato in queste regioni sempre molto vivo, anche se talvolta unito a superstizioni e cerimonie pagane.

Ogni piccolo centro ha la sua festa del Santo protettore con processioni, canti, fuochi, giochi e tanta gente vestita con i costumi tradizionali; i colori di quelli femminili sono molto vivaci: giallo e rosso per le spose, verde e azzurro per le ragazze, con decorazioni in oro e argento per tutte.

A Cocullo, in provincia dell'Aquila, si dice che il Santo protettore, San Domenico, abbia il potere di guarire dal morso[2] dei serpenti. Per questo il primo giovedì di maggio la statua del Santo viene portata in processione ricoperta di serpenti, presi su montagne vicine da uomini che vengono detti "serpari".

Alcune feste religiose sono caratterizzate da rappresentazioni e scene della Bibbia, del Vangelo[3], della vita dei Santi. A Campobasso si fa una processione in cui gli uomini portano sulle spalle 13 "Misteri", cioè 13 rappresentazioni di fatti religiosi, costruite con pezzi di acciaio[4] leggero e personaggi vivi[5]. Queste rappresentazioni hanno significati molto elementari, con il demonio, simbolo del male, sempre in lotta con i Santi.

Sono anche molto vive alcune feste rurali, legate alle stagioni. A Sulmona (L'Aquila), nella grande piazza, la cerimonia della Pasqua rappresenta anche la gioia per il ritorno della primavera che per i montanari[6] di tutto il mondo è la fine dell'isolamento. In molte località, la prima domenica di maggio si fa la festa di "Calendimaggio". Di solito viene portato in giro, per il paese e le campagne, un ramo

[1]isolation [2]bite [3]gospel [4]steel [5]living [6]those who live or work in the mountains

> di albero con i fiori, dolci e altri cibi; oppure un grosso fantoccio[7], vestito di fiori, va in ogni casa, balla e canta la canzone del "Maggio", mese dell'abbondanza.

[7]puppet

Tratto da: Maria C. Peccianti, *Leggere l'Italia regione per regione* (Monferrato: Marietti Manzuoli), p. 78.

1. The ancient traditions and festivals of Abruzzo and Molise have survived through the centuries. How/Why did they survive?

   _____

   _____

2. Women who participate in the festivities wear certain colors according to tradition. Describe their costumes.

   _____

   _____

3. Three festivals are described in the text. Write a brief summary of each.

   _____

   _____

   _____

   _____

   _____

   _____

SINTESI E ESPANSIONE

A. **Traduzioni.** Traduci queste frasi.

1. Does your friend drive that red Ferrari?

   _____

2. Is this your book? No, that's John's book.

   _____

3. Silvia made that cake with her own hands.

   _____

4. Who is that man? That's a friend of Maria.

   _____

5. This pen is mine, that one is yours.

   _____

6. John put on his boots and left the house.

   _____

7. Her shoes are Italian. So are mine.

   _____

8. Is that your house or is it theirs?

   _____

B. Il riflessivo. Che cosa stanno facendo queste persone?

1.

_Si sta vestendo_____.

2. _____

3. _____

4. _____

5. _____

C. Una mattina in casa Fratelli. Completa il brano con la forma corretta dei verbi appropriati.

Silvia Fratelli _____ (alzare / alzarsi) alle sette di mattina e va in bagno per _____ (lavarsi / lavare). Poi, torna in camera da letto, _____ (svegliare / svegliarsi) suo marito Antonio, e gli dice di _____ (chiamare / chiamarsi) i bambini. I bambini, Gina e Marco, _____ (alzare / alzarsi) e vanno in cucina per fare colazione. Dopo colazione i bambini vanno a _____ (preparare / prepararsi). Marco ha soltanto due anni e ha bisogno d'aiuto. Così Gina lo _____ (lavare / lavarsi) e lo _____ (vestire / vestirsi). Poi, una volta preparati, escono di casa per giocare in giardino.

D. La famiglia Macini. Completa i mini-dialoghi con la forma corretta del verbo riflessivo. Si può usare il presente indicativo, il congiuntivo presente, l'imperativo, l'infinito o il presente progressivo.

1. *La madre vuole parlare con suo figlio Gino:*

La madre: Gino, che cosa stai facendo?

Gino: _____ (lavarsi) la faccia.

La madre: Bene. Quando finisci, vieni qua che ti voglio parlare.

2. *La domenica mattina la famiglia Macini va a trovare la nonna ma Gino vuole rimanere al letto*

La madre: Dov'è Gino?

Susanna: È ancora al letto.

La madre: Ancora al letto! Sono le dieci! Dobbiamo partire fra mezz'ora! Gino!
_____ (alzarsi) e _____
(prepararsi) per uscire!

3. *Gino vuole indossare i jeans ma la madre insiste che metta la giacca e la cravatta:*

La madre: Gino, non puoi indossare i jeans oggi—bisogna essere elegante per il
compleanno della nonna. Voglio che _____
(mettersi) la giacca e la cravatta.

Gino: Ma non voglio _____ (vestirsi) elegantemente! Non
mi piace!

4. *Gino non si sente bene e la madre lo porta dal dottore:*

La madre: Dottore, come sta Gino?

Il dottore: Sta bene, ha solo un po' di influenza. Non _____
(preoccuparsi), Signora Macini, fra una settimana starà meglio.

5. *Stasera Gino deve uscire con amici ma non ha voglia:*

La madre: Dove vai stasera?

Gino :   Vado in discoteca con amici ma non ho molta voglia di uscire.

La madre: Perché? Non _____ (divertirsi) con loro?

Gino: Sì, ma stasera preferirei fare una passeggiata in centro.

E. La tua famiglia. Descrivi una mattina tipica in casa tua dal momento che suona la
sveglia fino a quando esci di casa.

_____

_____

_____

_____

_____

 **WORKBOOK**

CAPITOLO **6**

In famiglia

LA LINGUA

I. Il passato prossimo

A. *Avere* o *essere*? Alcuni verbi nel seguente esercizio richiedono *essere*, altri richiedono *avere*. Scrivi il verbo al passato prossimo.

1. Mangio due volte al giorno. _____.

2. Marisa e Pino escono alle due. _____.

3. Giovanna parte a mezzogiorno. _____.

4. Quegli uomini bevono troppo. _____.

5. Silvia, tu e Gina rimanete qui? _____.

6. La mamma di Eduardo canta bene. _____.

7. Luigi diventa famoso. _____.

8. Il concerto finisce alle undici. _____.

9. Finisco i compiti. _____.

10. La lezione continua. _____.

11. La professoressa continua la lezione. _____.

12. La partita comincia troppo tardi. _____.

13. Cominciano la partita troppo tardi. _____.

B. Piacere. Molte volte la prima impressione non è giusta. Crea delle frasi secondo il modello, con *piacere*.

1. io/assaggiare le olive nere

   La prima volta che ho assaggiato le olive nere non mi sono piaciute. Adesso mi piacciono molto.

2. Maria/vedere quel film

   _____

3. le ragazze/mangiare gli spaghetti al pesto

   _____

4. noi/giocare a calcio

   _____

5. Giuseppe/bere la grappa

_____

6. i ragazzi/assaggiare le acciughe (_anchovies_)

_____

7. io/sentire quella canzone

_____

8. Carla e Grazia/leggere quel romanzo

_____

9. tu e Francesco/vedere la nostra casa

_____

C. Le preposizioni, articolate o no? Completa le frasi con le preposizioni adatte, con o senza l'articolo secondo il caso.

1. Donatella studia _____ Stati Uniti, _____ California, dove fa il dottorato in fisica. Ha studiato anche _____ Wisconsin. Torna _____ Italia almeno due volte _____ anno, a Natale e poi anche a giugno per un paio di settimane. I suoi abitano _____ Italia centrale, _____ Umbria, vicino _____ Perugia.

2. Non so dove cercare casa. Mi piacerebbe abitare _____ centro, ma poi è vero che è più tranquillo _____ periferia. Ho passato tanti anni _____ campagna e non sono abituato _____ rumore. Ma lavoro _____ centro e sarebbe bello poter andare _____ ufficio _____ piedi. E mi piace tanto andare _____ cinema, e ce ne sono tanti in centro.

3. Io abito _____ Chicago. I miei bisnonni sono venuti _____ Italia quasi ottant'anni fa. Sono arrivati _____ America _____ New York, e dopo aver passato qualche mese lì _____ città, hanno deciso di trasferirsi _____ Illinois, dove c'era più lavoro. Sono rimasti _____ Stati Uniti e non sono mai tornati _____ Calabria. Adesso ci vado io. Voglio andare _____ Italia meridionale per conoscere la terra dei miei antenati. Passerò qualche giorno a Cosenza e poi andrò _____ paese natio dei miei bisnonni, Spezzano Sila. Spero di poter trovare qualche cugino lì _____ paese.

II. I nomi geografici

A. Città italiane. Dove sono le città? Segui il modello.

1. Catanzaro   *Catanzaro è in Calabria, nell'Italia meridionale.*

2. Ascoli Piceno _____

3. Verona _____

4. Bologna _____

5. Genova _____

6. Pisa _____

7. L'Aquila _____

8. Roma _____

9. Napoli _____

10. Potenza _____

11. Bari _____

B. Questionario personale. Rispondi alle domande.

1. Dove sei nato/nata?

2. Dove sono nati i tuoi genitori?

3. Dove abiti adesso?

4. Di dov'è il tuo migliore amico / la tua migliore amica?

5. Dove vuoi vivere fra cinque anni? Perché?

VOCABOLARIO E LETTURA

I. Vocabolario

A. La famiglia. Completa le frasi con un membro della famiglia di Mina.

ESEMPIO: Il padre di sua madre è _**suo nonno**_____.

1. La sorella di sua madre è _____.

2. Il marito di sua madre è _____.

3. Il marito di sua sorella è _____.

4. La madre di suo marito è _____.

5. La moglie di suo figlio è _____.

6. Il marito di sua figlia è _____.

7. I figli dei suoi zii sono _____.

B. Trasformazioni. Trasforma i soggetti dal plurale al singolare o dal singolare al plurale e riscrivi le frasi.

Singolare

1. <u>Mio cugino</u> è venuto a trovarmi.

2. *Mia zia ha studiato l'italiano.*

3. <u>Sua figlia</u> è andata al museo.

4. _____

5. <u>Il tuo fratellastro</u> è simpatico.

6. _____

7. <u>Vostra nipote</u> è uscita di casa.

8. _____

9. <u>Tuo genero</u> è rimasto a casa.

10. _____

Plurale

1. *I miei cugini sono venuti a trovarmi.*

2. <u>Le mie zie</u> hanno studiato l'italiano.

3. _____

4. <u>I loro fratelli</u> hanno comprato la casa.

5. _____

6. <u>Le nostre nuore</u> sono bionde.

7. _____

8. <u>I suoi cognati</u> hanno fatto benzina.

9. _____

10. <u>Le mie cugine</u> sono salite sull'autobus.

C. Che cosa ha fatto ieri Maria? Guarda gli appunti nell'agenda di Maria e scrivi frasi complete usando il passato prossimo.

7:00 Alzarsi. *Si è alzata dal letto.*

8:00 Fare colazione. _____

10:00 Uscire di casa e andare in biblioteca. _____

12:30 Andare a pranzo. _____

2:15 Nuotare in piscina. _____

5:00 Scrivere una lettera. _____

6:30 Guardare la TV. _____

7:00 Preparare da mangiare. _____

11:00 Prepararsi per andare a letto. _____

D. I verbi transitivi e i verbi intransitivi. Scegli la forma corretta del verbo.

1. Marco e Lorenzo (hanno finito / sono finiti) i compiti a mezzanotte.

2. Prima di partire (siamo passati / abbiamo passato) da casa tua a salutarti.

3. I ragazzi (hanno saltato / sono saltati) dal treno appena prima che partisse.

4. Gli studenti (sono cominciati / hanno cominciato) a parlare quando la professoressa è uscita dall'aula.

5. Il film (è cominciato / ha cominciato) alle dieci di sera.

6. Maurizio (ha salito / è salito) le scale.

7. Gina (ha salito / è salita) sull'autobus.

8. Maurizio (ha sceso / è sceso) le scale.

9. Gina (ha sceso / è scesa) dall'autobus.

E. Esprimere rabbia / delusione / ironia. Descrivi una situazione personale in cui avresti potuto usare le seguenti espressioni.

1. Che noia! _____

_____

2. Che rabbia! _____

_____

3. Meraviglioso! _____

_____

4. Davvero? _____

_____

5. Per carità! _____

_____

6. Che pasticcio! _____

_____

F. L'ora di cena. Per molti italiani, l'ora di pranzo non è solo per mangiare ma anche per riunirsi in famiglia e per parlare. Com'è l'ora di cena a casa tua?

_____

_____

_____

_____

G. Lettura: A tavola. Leggi questo passo scritto da Enrica, una ragazza italiana che descrive l'ora di cena in Italia.

Per noi italiani il cibo è una degli elementi essenziali nella nostra vita. Non per niente siamo noti come paese della buona tavola. Il cibo è molto semplice ma buono e genuino, e ha il sapore caldo della famiglia. I piaceri della vita si gustano in casa ed hanno come centro il tavolo. È' dunque attorno al tavolo che la famiglia si riunisce e si parla di tutto, di cose frivole e di problemi importanti. Il momento del pranzo è un'occasione per stare insieme—per ritrovarci dopo una giornata di lavoro. È un momento unico, quasi un rito, soprattutto la domenica, giorno di riposo. Allora tutto è preparato con cura, anche il dolce, che quasi sempre è fatto in casa. Tutti sfoggano una alla volta i propri problemi, si discute, si ride, si litiga anche, ma ciò che importa è non mangiare in solitudine, ma avere sempre qualcuno con cui dividere il pane.

1. Secondo Enrica, perché l'ora di pranzo è importante per gli italiani?

_____

_____

_____

_____

_____

_____

2. Quali differenze ci sono tra l'ora di cena in Italia e negli Stati Uniti?

_____

_____

_____

_____

_____

_____

III. Sintesi e espansione

A. Le preposizioni articolate. Riempi gli spazi con qualsiasi parola che completi le frasi correttamente. (Attenzione al genere dell'articolo determinativo.)

1. Sono uscita dall' _ufficio_ dopo la conferenza.

2. Maria ha comprato delle _____ al supermercato.

3. Sono andato in _____ alle dieci di mattina.

4. Silvio ha preso la metropolitana ed è andato in _____ .

5. Siamo tornati dal _____ dopo le sei.

6. A cena, abbiamo bevuto del _____ e abbiamo mangiato degli

   _____ .

7. Mario e Gino sono andati a casa in _____ . Giuseppe, invece,

   è andato a casa a _____ .

8. Abbiamo comprato un regalo per _____ .

9. Ho incontrato i miei amici alla _____ .

10. Quando è entrato in casa, Antonio ha messo le chiavi sul _____ .

B. Gino e Marco. Completa la storia con i verbi forniti.

scendere   dire   partire   andare   baciarsi   stare
bere   mettersi   suonare   tornare   mangiare   parlare
portare   abbracciarsi

La settimana scorsa, stavo guardando la TV quando _____ il

telefono. Era il mio vecchio amico di Napoli, Marco. Lui _____ che

voleva venire a trovarmi e che sarebbe arrivato alle cinque di sera del giorno dopo.

_____ d'accordo che sarei andato a prenderlo alla stazione. Quando

Marco _____ dal treno, ci siamo salutati, _____ e

_____. L'ho portato subito a casa mia e _____ dei

vecchi tempi insieme a mia moglie e ai miei figli. Dopo, _____ gli

spaghetti e _____ del buon vino. Verso le nove,

_____ in centro a fare una passeggiata e dopo aver preso un gelato

alla gelateria Gianni, _____ a casa. Il giorno successivo, dopo pranzo,

Marco _____ per Milano perché andava a cercare lavoro come

fotomodello. _____ molto contento della sua visita.

C. Marco cerca lavoro. Marco è andato a Milano a cercare lavoro e ha fatto domanda all'agenzia 'Di Moda'. Quando è arrivato, gli hanno chiesto di riempire questo modulo:

Nome *Marco*   Cognome *Messini*

Indirizzo *Via Dante, 42   33405 Bacoli NAPOLI*

Data di nascita *2/3/72*   Luogo di nascita *Napoli*

Studi universitari *Centro Sperimentale di*

Cinematografia di Roma

Titolo di studio *Dramma*

Impieghi precedenti *Fotomodello:* **Marie Claire, GQ**

Pubblicità: Articoli Sportivi di Napoli

Altezza *1 metro, 59 cm*   Peso *60 chili*

Colore degli occhi *azzurri*

Dopo dieci giorni, una dirigente, la Signora Bartoli, l'ha chiamato per un colloquio. Completa il dialogo fra la Signora Bartoli e Marco, scrivendo le sue domande e le risposte di Marco. Usa le informazioni fornite nel modulo e la tua creatività.

La Sig.ra Bartoli: Buon giorno, Signor Messini. Come sta?

Marco : Bene, grazie.

La Sig.ra B: Ho letto il Suo modulo e Le vorrei fare delle domande. Da quando _____?

G. : _____

La Sig.ra B: *Preferisce...* _____

G.: _____

La Sig.ra B: *Perché non ha...* _____

G.: _____

La Sig.ra B: *Che tipo di...* _____

G.: _____

La Sig.ra B:: *Ha già...* _____

G.: _____

La Sig.ra B: _____

G. : _____

La Sig.ra B: _____

G.: _____

 **WORKBOOK**

CAPITOLO **7**

L'Italia dei viaggi

LA LINGUA

I. **Il passato del congiuntivo**

A. Pratichiamo le forme. Da' le forme adatte, seguendo il modello.

	Indicativo È vero che...	Congiuntivo Sembra che...
1. Gina mangia	*ha mangiato*	*abbia mangiato*
2. Giorgio finisce	_____	_____
3. voi parlate	_____	_____
4. Luisa rimane	_____	_____
5. Matteo e Andrea partono	_____	_____
6. Franco e io arriviamo	_____	_____
7. piove	_____	_____
8. Alba si sveglia	_____	_____
9. Le bimbe si truccano	_____	_____
10. Aldo esce	_____	_____

B. Tu non ci credi. Rispondi, usando locuzioni come *non credo che, non è possibile che, dubito che, non mi pare che, è difficile che* ('it's unlikely that'), *non è vero che, è impossibile che.*

1. Pino è venuto in America.　　*Non posso credere che Pino sia venuto in America!*

2. Mario ha vinto la lotteria, sai!　_____

3. Pierina è uscita con Luciano!　_____

4. Ho visto un UFO!　_____

5. Maria si è comprata una moto!　_____

6. Klaus e Pia sono tornati in Germania.　_____

7. Hanno preso una casa in Corsica.　_____

8. Gino ha ballato con Silvia!　_____

9. La settimana scorsa siamo stati in Italia.　_____

10. Marisa e Dina sono arrivate alle undici. _____

11. I miei sono andati in Sudafrica. _____

II. Pronomi oggetto diretto

A. L'enfasi. Da' l'equivalente in italiano. (Capitalization indicates emphasis.)

1. I see HER.   *Vedo lei.*

   I see her.   *La vedo.*

2. I know HIM.   _____

   I know him.   _____

3. We understand THEM.   _____

   We understand them.   _____

4. She loves YOU.   _____

   She loves you.   _____

5. They visit ME.   _____

   They visit me.   _____

6. I want to see YOU (pl.).   _____

   I want to see you (pl.).   _____

7. He can call ME.   _____

   He can call me.   _____

8. We have to find HER.   _____

   We have to find her.   _____

9. Have you seen THEM (le ragazze)? _____

   Have you seen them?   _____

10. I met HER.   _____

    I met her.   _____

B. L'accordo. Non dimenticare che, se i pronomi *lo, la, li, le* precedono il verbo al passato prossimo, si deve marcare il participio per il genere e il numero del pronome.

Così le risposte giuste per i numeri 9 e 10 dell'esercizio precedente sono:

Hai visto loro?   *Ho conosciuto lei.*

Le hai viste?   *L'ho conosciuta.*

Rispondi alle domande, usando i pronomi atoni con il verbo al passato prossimo.

1. Hai mangiato *i tortellini* ieri sera? _____

2. Hai mai perso *le chiavi*? _____

3. Hai lavato *i vestiti* oggi? _____

4. Hai visto *il telegiornale* stamattina? _____

5. Hai fatto *i compiti* ieri sera? _____

6. Hai letto *il giornale* oggi? _____

7. Hai mai mangiato *le lasagne verdi*? _____

8. Hai mai bevuto *l'aranciata amara*? _____

9. Hai studiato *la chimica* all'università? _____

10. Hai visto *la Torre Pendente* a Pisa? _____

III. Pronomi oggetto indiretto

A. A chi? Riscrivi le frasi, prima con la forma tonica (*stressed*) del pronome adatto, poi con la forma atona (*unstressed*).

	stressed form	unstressed form
1. Chiedo <u>a Mario</u>.	*Chiedo a lui.*	*Gli chiedo.*
2. Parliamo <u>a Gina</u>.	_____	_____
3. Do tutto <u>a te e Marisa</u>.	_____	_____
4. Scrivete <u>a Lisa e Pina</u>?	_____	_____
5. Telefoniamo <u>a Dina</u>.	_____	_____
6. Scrivi <u>a Giorgio</u>?	_____	_____
7. Diamo i soldi <u>a Lisa</u>.	_____	_____
8. Restituisco il libro <u>ai ragazzi</u>.	_____	_____
9. Lia dice tutto <u>a me e Beppe</u>.	_____	_____
10. Aldo spiega la lezione <u>agli studenti</u>.	_____	_____

IV. I pronomi atoni e l'imperativo

A. Proviamo un po'. Scrivi le stesse richieste, in forma diretta (imperativo).

1. Giuseppe, mi fai un piacere? Mi offri un caffè?
   Giuseppe, fammi un piacere! Offrimi un caffè!

2. Signore, gli parla domani? Gli dice tutto?

   _____

3. Ragazzi, ci mandate una cartolina? Ci scrivete in italiano?

   _____

4. Signori, lo ascoltano? Lo guardano, per favore?

   _____

5. Maria, mi dici tutto? Mi parli sinceramente?

   _____

6. Professore, mi fa un favore? Mi spiega la lezione?

   _____

7. Michele, ci prepari la pastasciutta? Ci chiami quando è pronta?

   _____

8. Mamma, mi stai a sentire? Mi lasci parlare?

_____

VOCABOLARIO E LETTURA

I. I paesi

A. Le lingue e le nazionalità. Completa le frasi con la lingua o la nazionalità corretta.

    1. Gli inglesi parlano _____.

    2. _____ parlano spagnolo.

    3. In Cina si parla _____.

    4. In Svezia si parla _____.

    5. I polacchi parlano _____.

    6. In Danimarca si parla _____.

    7. _____ parlano francese o/e fiammingo.

    8. _____ vivono in Germania.

    9. _____ vivono in Giappone.

    10. _____ parlano francese.

II. I segnali e le indicazioni

A. Che vuol dire? Che cosa significa o che cosa è scritto su questi segnali?

    1.

    _____

    2.

    _____

    3.

    _____

    4.

CHIUSO
PER
FERIE
DAL 15.8 AL 1.9

    _____

B. In città. Ti trovi in centro (dove c'è la X) e stai cercando di andare in vari posti. Chiedi indicazioni e scrivi la risposta.

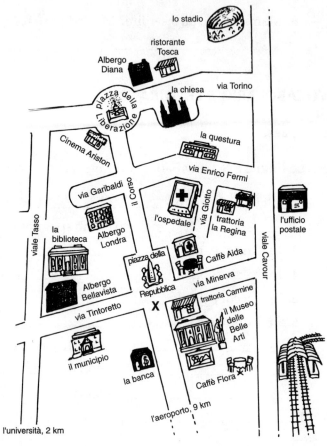

1. La chiesa

   — *Mi può dire dov'è la chiesa?*

   — *Vai dritto e gira a destra in Via Torino.*

2. Il municipio

   —

   —

3. La questura

   —

   —

4. L'ospedale

   —

   —

5. Lo stadio

   —

   —

6. La biblioteca

   —

   —

7. il cinema

   —

   —

8. il ristorante Tosca

___ _____

___ _____

9. la stazione ferroviaria

___ _____

___ _____

III. Lettura

A. Le vacanze. Gli italiani hanno almeno 4 settimane di vacanza all'anno. Di solito d'inverno si prendono le settimane bianche in montagna e d'estate si va al mare. Però, oggi molti italiani preferiscono fuggire dalle spiagge sovrappopolate e fanno *settimane verdi* in montagna. Leggi la seguente pubblicità per le vacanze estive in Trentino.

SE IN TRENTINO D'ESTATE UN CASTELLO

Da qualche anno, in Trentino, l'estate è tempo di spettacoli, concerti, feste, grandi mostre e altri eventi che animano e fanno rivivere un ambiente naturale e un patrimonio storico-artistico tutto da scoprire, diffuso in vallate, centri e paesi dell'intera provincia. Un «superfestival», da giugno a settembre, che vede protagonisti i Castelli del Trentino, testimoni monumentali di un passato illustre che ha segnato questa terra di frontiera geografica e politica tra Europa e Mediterraneo. A partire dal Solsti-  zio d'Estate, notte più breve dell'anno, i Castelli accolgono grandi rappresentazioni popolari che ricostruiscono storie, memorie e leggende del Trentino e grandi miti della montagna, in allestimenti di teatro ambientale di grande suggestione; e con gli spettacoli e i concerti, itinerari d'ambiente nelle valli dei Castelli e «feste-spettacolo» a tema, banchetti a corte e mostre d'arte internazionali.

IL TEMPO DEI LAGHI

 È il nuovo progetto di turismo culturale in Trentino, nato per valorizzare e promuovere un patrimonio di quasi trecento laghi, a tutte le altitudini e di varie dimensioni. Ad animare una vacanza di relax ambientale, un ricco cartellone di concerti di musica per la natura con una nuova creazione di Ennio Morricone, salotti letterari sui lidi più famosi e un festival internazionale di fuochi d'artificio, nelle notti magiche d'agosto.

Laghi e Castelli del Trentino: due grandi avventure nell'incanto della natura e nel fascino della storia.

Informazioni e prenotazioni:
APT del Trentino - 0461/915555

Desidero ricevere gratuitamente gli opuscoli
"Il Tempo dei Laghi" e "Se in Trentino d'Estate un Castello"

Nome ....
Cognome ....
Via ....
Cap .... Città ....

Spedire a: Azienda Promozione Turistica Trentino - 38100 Trento - Via Sighele, 5

1. Secondo la pubblicità, quali sono le attrazioni del Trentino?

   _____

   _____

2. Perché i castelli sono importanti?

   _____

   _____

3. Quanti laghi ci sono?

   _____

   _____

4. Come si fa per ottenere altre informazioni sulla zona?

   _____

   _____

B. Gli alberghi. Quando vanno in vacanza, molti italiani prenotano una camera in un albergo o in una pensione. Quando fanno la prenotazione, l'albergatore offre loro *mezza pensione* o *pensione completa*. Mezza pensione consiste della camera e della prima colazione mentre pensione completa comprende la camera, la prima colazione e il pranzo. Rispondi alle domande usando la tabella di alberghi di Andalo, Molveno e Fai della Paganella.

	HOTEL	Periodo apertura	Pensione completa	Mezza pensione	Pernottamento con 1ª colazione
★★★	ALEXANDER HOTEL CIMA TOSA - Molveno - Tel. 0461/586928 - 586349 - Fax 586950	23.04 - 02.11	60.000 - 80.000	50.000 - 80.000	40.000 - 55.000
★★★	ALPEN HOTEL - Andalo - Tel. 0461/585780 - Fax 0461/585687	15.06 - 20.09	60.000 - 72.000	54.000 - 65.000	49.000 - 59.000
★★★	ARISTON - Molveno - Tel. 0461/586907 - Fax 0461/586167	15.06 - 25.09	60.000 - 88.000	54.000 - 80.000	45.000 - 65.000
★★★	BELVEDERE - Molveno - Tel. 0461/586933 - 586990 - Fax 0461/586044	16.04 - 30.10	72.000 - 134.000	65.000 - 120.000	50.000 - 90.000
★★★	DES ALPES - Molveno - Tel. 0461/586983 - Fax 0461/586309	25.05 - 2.10	55.000 - 85.000	50.000 - 77.000	
★★★	DU LAC - Molveno - Tel. 0461/586965 - Fax 0461/586247	01.06 - 15.10	60.000 - 90.000	54.000 - 80.000	60.000 - 100.000
★★★	GLORIA - Molveno - Tel. 0461/586962 - Fax 0461/586079	01.06 - 30.09	60.000 - 95.000	55.000 - 85.000	45.000 - 75.000
★★★	ISCHIA ALLE DOLOMITI DI BRENTA - Molveno - Tel. 0461/586057 - Fax 0461/586985	01.06 - 30.09	85.000 - 118.000	78.000 - 104.000	60.000 - 73.000
★★★	LIDO - Molveno - Tel. 0461/586932 - Fax 0461/586143	15.05 - 10.10	60.000 - 90.000	54.000 - 81.000	40.000 - 60.000
★★★	LONDRA - Molveno - Tel. 0461/586943 - Fax 0461/586313	annuale	50.000 - 114.000	45.000 - 97.000	35.000 - 63.000
★★★	MOLVENO - Molveno - Tel. 0461/586934 - Fax 0461/586176	18.06 - 04.09	70.000 - 103.000	60.000 - 93.000	50.000 - 83.000
★★★	NEVADA - Molveno - Tel. 0461/586970 - Fax 0461/586163	annuale	55.000 - 89.000	50.000 - 78.000	35.000 - 57.000
★★★	OLIMPIA - Andalo - Tel. 0461/585715 - Fax 0461/585458	20.06 - 15.09	60.000 - 100.000	53.000 - 83.000	42.000 - 60.000
★★★	PARK HOTEL SPORT - Andalo - Tel. 0461/585821 - Fax 0461/585521	15.06 - 20.09	50.000 - 80.000	44.000 - 73.000	37.000 - 55.000
★★★	PICCOLO HOTEL - Andalo - Tel. 0461/585710 - Fax 0461/585436	20.06 - 20.09	65.000 - 95.000	58.000 - 88.000	50.000 - 60.000
★★★	SANTELLINA - Fai della Paganella - Tel. 0461/583120-21 - Fax 0461/583011	01.05 - 30.09	55.000 - 77.000	50.000 - 70.000	40.000 - 55.000
★★	ALLO ZODIACO - Andalo - Tel. 0461/585667 - Fax 0461/585597	annuale	55.000 - 90.000	50.000 - 80.000	40.000 - 60.000
★★	BELLARIVA - Molveno - Tel. 0461/586952 - Fax 0461/586338	01.06 - 30.09	50.000 - 90.000	45.000 - 80.000	
★★	MIRAVALLE - Fai della Paganella - Tel. 0461/583113 - Fax 0461/583152	annuale	50.000 - 60.000	45.000 - 55.000	43.000 - 46.000
★★	NEGRITELLA - Fai della Paganella - Tel. 0461/583145 - Fax 0461/583145	annuale	55.000 - 88.000	48.000 - 75.000	40.000 - 50.000
★★	PAGANELLA - Fai della Paganella - Tel. 0461/583116 - Fax 0461/583116	annuale	55.000 - 120.000	45.000 - 110.000	45.000 - 90.000

Prezzi giornalieri per persona, in camera doppia (minimo 3 gg.)

Molveno Iniziative Turistiche

Molveno - Tel. e Fax 0461/586086

Scegli la formula «Vacanze più»! Prenota in uno degli alberghi associati e riceverai gratis la Card «Molveno è tua», potrai usufruire gratuitamente di molte strutture sportive (piscina, tennis, barche, ecc.) e partecipare a tutte le iniziative di animazione e spettacolo organizzate per l'ospite (mini-club, serate danzanti, spettacoli).
Non esitare, fai della tua estate qualcosa di veramente speciale!

Gruppo Albergatori Pinzolo - Val Rendena

Pinzolo - Tel. e Fax 0465/52419

Il Gruppo Albergatori Pinzolo Val Rendena propone settimane di vacanza a tema, dedicate all'ippica, al gioco degli scacchi, alla micologia, alla pesca, alle escursioni in mountain bike. Varie saranno le forme di animazione, con il concorso fotografico ed i venerdì musicali.

1. Come si descrive la qualità dell'albergo?

   _____

2. Quale albergo costa di più per la pensione completa?

   _____

3. Quali alberghi sono aperti tutto l'anno?

_____

_____

4. In quale periodo è aperto l'Ariston per la settimana verde?

_____

5. In quale periodo è aperto il Bellariva per la settimana verde?

_____

6. Secondo te, che significa _pernottamento con 1ª colazione_?

_____

SINTESI E ESPANSIONE

A. Botta e risposta. Completa i dialoghi con il pronome d'oggetto diretto o indiretto.

1. —Hai comprato gli stivali?

—Sì, _____ ho comprat__.

2. —I bambini si sono lavati le mani?

—Sì, _____ sono lavat__.

3. —Ho un raffreddore terribile ma ho paura di andare dal medico.

—Non devi aver paura! Va_____!

4. —Potresti lavare i piatti stasera?

—No! Non _____ voglio lavare!

5. —Mamma, Mario non vuole darmi la macchinina!

—Marco, da_____ la macchinina!

6. —Avete parlato al professore?

—No, non _____ abbiamo ancora parlato.

B. Ancora botta e risposta. Scrivi la risposta usando i pronomi adatti.

1. —Ha spedito la cartolina?

_ _Sì, l'ho spedita._ _____

2. —Avete telefonato a Silvia ieri?

‗_____

3. —Vi siete divertiti alla festa?

‗_____

4. —Potete comprare dello zucchero quando andate al supermercato?

‗_____

5. —I bambini si sono messi le giacche?

‗_____

6. —Hai visto il film con Tina?

— _____

7. —Hanno portato i panini alla festa?

— _____

8. —Avete scritto ai nonni?

— _____

C. Il passato del congiuntivo. Paul e Lisa sono partiti per un viaggio in Europa. Fanno il giro d'Europa con gli zaini e i sacchi a pelo, ma siccome non hanno mai fatto un viaggio di questo tipo, non sei sicura/o se si siano preparati bene prima di partire. Completa le frasi con la forma corretta del verbo.

1. Spero che loro _____ (fare) le prenotazioni.

2. Penso che _____ (dimenticarsi) di portarsi dietro un coltello svizzero.

3. Ho paura che Lisa non _____ (portare) il mio indirizzo.

4. Credo che non _____ (comprare) dei libri da leggere sul treno.

5. È un peccato che Paul non _____ (potere) prendere un Eurailpass.

6. Si dice che loro _____ (imparare) l'italiano prima di partire.

7. Mi dispiace che non _____ (cambiare) dei soldi prima di lasciare gli Stati Uniti.

D. Il viaggio. Paul e Lisa non ne possono più (_can't stand it anymore_) di dormire in sacco a pelo e vogliono passare una notte in albergo. Vanno all' Ariston e prendono una camera. Immagina la conversazione con l'albergatore. Usa frasi come _la camera con il bagno o senza il bagno, la prima colazione è compresa, la prenotazione_, ecc.

Paul e Lisa: _____

L'albergatore: _____

Paul e Lisa: _____

L'albergatore: _____

Paul e Lisa: _____

L'albergatore: _____

_____

_____

_____

_____

_____

_____

 **WORKBOOK**

Impariamo a mangiar bene

LA LINGUA

I. L'imperfetto

A. Proviamo un po'. Pratichiamo con tre verbi che forse non hai mai visto (di' le parole ad alta voce per praticare la pronuncia).

pesare 'to weigh'		**pendere** 'to hang'		**munire** 'to provide'	
pesavo	_____	_____	_____	_____	_____
_____	_____	_____	_____	_____	_____
_____	_____	_____	_____	_____	_____

B. Indovina. Come si forma l'imperfetto dei verbi che seguono?

    1. indurre 'induce'   _____ ...

    2. opporre 'oppose'   _____ ...

    3. produrre 'produce'   _____ ...

    4. proporre 'propose'   _____ ...

C. Prova un po' di più. Quali sono le forme seguenti dell'imperfetto?

    1. mangiare   io _____   noi _____

    2. finire   io _____   noi _____

    3. sentire   tu _____   voi _____

    4. vedere   tu _____   voi _____

    5. comprare   lui _____   loro _____

    6. capire   lei _____   loro _____

D. Essere. Quali sono le forme?

    1. Io _____ piccolo e tu _____ grande.

    2. Tu _____ pigro e lui _____ energico.

    3. Lei _____ sveglia e noi _____ stanchi.

    4. Noi _____ bravi e loro _____ cattivi.

    5. Loro _____ antipatici e noi _____ simpatici.

NOTA BENE:
The essential distinction between the *passato prossimo* and the imperfect is the difference between a completed act and an ongoing activity in the past. The difference is especially clear in the following examples:

Pia ha scritto un libro.	*Pia scriveva un libro quando è morta.*
Pia wrote a book.	Pia was writing a book when she died.
Abbiamo preparato la cena.	*Preparavamo la cena quando è arrivata Gina.*
We made dinner.	We were making dinner when Gina arrived.

In these examples, two uses of the *passato prossimo* are contrasted with the imperfect.

The examples on the left describe completed actions: the book exists; the dinner was finished.

The examples on the right describe ongoing activities (imperfect) interrupted by another event (*passato prossimo*): Pia's book was in progress, but was interrupted by her death; Gina's arrival interrupted the dinner preparations.

The activities expressed by the *passato prossimo* are either completed (*ha scritto un libro, abbiamo preparato la cena*) or occurred at a point in time (*Pia è morta, Gina è arrivata*). Those expressed by the imperfect were of indeterminate duration.

D. Imperfetto o passato prossimo. Riempi gli spazi con le forme adatte dei verbi.

1. Quando Beppe _____ (essere) piccolo _____ (parlare) inglese perché _____ (vivere) in una piccola città in Ontario. Ma quando _____ (avere) sette anni, lui _____ (andare) a passare l'estate dai nonni in Italia. Quell'estate (lui) _____ (conoscere) tanti cugini della sua età e _____ (imparare) l'italiano da loro.

2. Anni fa quando Lina e Ornella _____ (essere) al liceo, _____ (studiare) insieme quasi ogni sera. Gli amici _____ (telefonare) loro per uscire, ma di solito non _____ (uscire) perché a loro _____ (piacere) studiare e _____ (volere) andare all' università per studiare medicina. Dopo, Lina _____ (decidere) invece di fare chimica e _____ (diventare) direttrice di un istituto di ricerche. Ornella _____ (laurearsi) in medicina e _____ (trovare) un lavoro molto interessante con l'organizzazione "Medici senza frontiere", che aiuta la gente del terzo mondo.

II. I pronomi doppi

A. Oggetti diretti. Riscrivi la frase sostituendo l'oggetto diretto con il pronome atono (*unstressed*).

1. Danno la bicicletta a Beppino. Danno che cosa? *la bicicletta*

    → *La danno a Beppino.*

2. Preparano gli spaghetti per noi.   Preparano che cosa? _____

    → _____

3. Scriviamo la lettera a Pina.   Cosa scriviamo? _____

    → _____

4. Mandiamo il messaggio a Gina.   Mandiamo che cosa? _____

    → _____

5. Lui dà i soldi a noi.   Lui dà che cosa? _____

    → _____

6. Compriamo i regali per voi.   Compriamo che cosa? _____

    → _____

B. Oggetti indiretti. Riscrivi la frase sostituendo l'oggetto indiretto con il pronome atono.

1. Danno la bicicletta a Beppino. A chi danno la bicicletta? *a Beppino*

    → *Gli danno la bicicletta.*

2. Preparano gli spaghetti per noi.   Per chi?   _____

    → _____

3. Scriviamo la lettera a Pina.   A chi?   _____

    → _____

4. Mandiamo il messaggio a Gina.   A chi?   _____

    → _____

5. Lui dà i soldi a noi.   A chi?   _____

    → _____

6. 5. Compriamo i regali per voi.   Per chi?   _____

    → _____

C. I pronomi doppi. Riscrivi le frasi, usando due pronomi atoni.

1. Preparano gli spaghetti per noi. _____

2. Scriviamo la lettera a Pina. _____

3. Mandiamo il messaggio a Gina. _____

4. Lui dà i soldi a noi. _____

5. Compriamo i regali per voi. _____

D. Rispondi come vuoi.

1. Dai la tua macchina a noi? _No, non ve la do!/Sì, ve la do!_

2. Chi ti ha comprato le scarpe che porti adesso?
   Mia madre me le ha comprate./Nessuno me le ha
   comprate. Le ho comprate io!

3. Mi dai il tuo orologio? _____

4. Compri i regali per il tuo amico? _____

5. Mandi i soldi ai genitori? _____

6. Vendi i libri usati alla libreria? _____

7. Spedisci le cartoline agli amici? _____

E. Hai degli amici generosi? Rispondi.

1. Chi ti ha comprato le scarpe che porti adesso?
   Mia madre me le ha comprate./Nessuno me le ha
   comprate. Le ho comprate io!

2. Chi ti ha dato il libro d'italiano? _____

3. Chi ti ha comprato la macchina? _____

4. Chi ti ha regalato i soldi a Natale? _____

5. Chi ti ha dato l'orologio? _____

6. Chi ti ha pagato la cena ieri? _____

III. Il gerundio

A. Gerundio o verbo coniugato? Combina le frasi, usando il gerundio quando è possibile.

1. Ho visto la bimba. Giocava sotto il letto. _Ho visto la bimba che giocava_
   sotto il letto.

2. Ho incontrato Gianni. Attraversavo la strada. _Attraversando la strada, ho_
   incontrato Gianni.

3. Abbiamo trovato Filippo. Lui piangeva. _____

4. Mi sono fatto male. Facevo la doccia. _____

5. Lui ha telefonato a Gina. Lei mangiava. _____

6. Ho trovato dieci dollari. Camminavo. _____

7. Hanno visto Paolo. Lui correva. _____

8. Ha trovato l'America. Cercava l'India. _____

B. Il gerundio al passato. Riscrivi le frasi seguendo il modello.

1. Siccome sono arrivato a casa tardi, non ho potuto telefonarti.
   Essendo arrivato a casa tardi, non ho potuto telefonarti.

2. Siccome avevamo finito il caffè il giorno prima, abbiamo bevuto il tè.
   Avendo finito il caffè il giorno prima, abbiamo bevuto il caffè.

3. Siccome avevo visto il film due volte, non volevo andare con loro al cinema.
   _____

4. Visto che siamo partiti tardi per la stazione, abbiamo dovuto prendere un altro treno.
   _____

5. Dato che Luigi aveva studiato ben poco, non ha superato l'esame.
   _____

6. Siccome avete mangiato troppo, starete male di sicuro.
   _____

7. Poiché sono usciti senza soldi, non hanno comprato niente.
   _____

VOCABOLARIO E LETTURA

I. Vocabolario e espressioni

A. I cibi. Maurizio è appena tornato da fare la spesa in centro. Sua moglie vuole sapere che cosa ha comprato. Guarda il disegno e completa la sua risposta usando il partitivo.

Ho comprato del pollo... _____

_____

_____

_____

B. I negozi. Dove ha fatto la spesa Maurizio? Scrivi i nomi dei negozi dove Maurizio ha comprato i prodotti in A.

_____   _____

_____   _____

_____

C. Ancora i cibi. Completa i mini dialoghi. Se manca la risposta, forniscila usando i pronomi necessari. Se manca la domanda, scrivi la domanda che corrisponde alla risposta.

1. —Ti ha offerto il caffè?
   —Sì, me l'ha offerto.

2. _—Ti sei dimenticato della frutta?_
   No, non me ne sono dimenticato.

3. —Hai preso del salmone per stasera?
   —_____

4. —Cameriere, ci può portare il conto?
   —_____

5. —I bambini si sono preparati il pranzo da soli?
   —_____

6. —Ci consigliate la pasta al pesto?
   —_____

7. —_____?
   —Sì, la mamma gliene ha preparate.

8. —_____?
   —No, non ve li posso cucinare stasera.

9. —_____?
   —Sì, glielo posso portare.

10. —_____?
    —Sì, ve le hanno comprate ieri.

D. La quantità. Scegli la forma corretta.

1. (Molte / Molto) persone mangiano ai fastfood. È vero, io ne conosco (tanto / tante) che ci mangiano.

2. —Ieri, Paolo ha mangiato (poca / poco).
   —Non è vero. L'ho visto mangiare (parecchio / parecchi) biscotti alla festa.

3. Sandro è andato in centro e ha comprato (alcuni / un po' di) dischi. Li ho visti, sono veramente buoni.

4. Farò (qualche / alcuni) domanda al professore quando finisce la lezione.

5. Sandra legge (molto / molti) libri. È per questo che lei è (molta / molto) erudita.

6. Sandro ha mangiato (troppo / troppi) calamari ieri. Non so perché mangi sempre (troppi / troppo) quando va al ristorante con amici.

E. Al ristorante. In Italia, un pranzo tipico consiste di: l'antipasto, il primo piatto, il secondo piatto con un contorno, il dolce, la frutta e il caffè. Fà una lista dei piatti specifici che si può scegliere.

l'antipasto:

i crostini

_____

_____

il contorno:

i fagioli

_____

_____

il primo piatto:

il risotto

_____

_____

il dolce:

la zuppa inglese

_____

_____

il secondo piatto:

il pollo arrosto

_____

_____

la frutta:

l'uva

_____

_____

F. Al ristorante nel tuo paese d'origine. Rispondi alle domande secondo le usanze del tuo paese.

1. Qual è il pasto principale del giorno? _____

2. Di quanti piatti consiste il pasto principale? _____

3. Fà una lista dei piatti specifici che si può scegliere come hai fatto per il pranzo italiano in E.

_____   _____

_____   _____

_____   _____

_____   _____

_____   _____

4. Quali sono le differenze tra il pasto principale italiano e il tuo pasto principale?

_____

_____

_____

_____

II. Lettura

A. Col mangiar bene si protegge la salute. In Italia come negli Stati Uniti si presta attenzione alla salute e a quello che si mangia. Leggi i due articoli e rispondi alle domande con le tue parole.

ALLA RICERCA DELL'ALTERNATIVO

Avete sentito parlare dell'emù, l'uccello australiano un po' più piccolo dello struzzo* africano? Il Consiglio di ricerca sanitaria del governo di quel Paese ha autorizzato il consumo di questa carne, a basso contenuto di colesterolo. Sono arrivate subito molte richieste da parte di ristoratori europei. Ma in Australia chiedono tempo: ci vorranno un paio d'anni prima che siano pronti gli allevamenti** di emù (ogni coppia, infatti, genera solo 30/40 pulcini all'anno).

*struzzo = ostrich
**allevamenti = breeding

Source: *Guida Cucina*, 5–11 marzo 1990.

---

1. Perché si dovrebbe mangiare l'emu?

_____

_____

2. Perché un grande consumo immediato dell'emu non è possible?

_____

_____

Contro il fumo un'arancia al giorno

Il nostro Ministero della Sanità ha appena annunciato la campagna sul «mangiarbene» e contemporaneamente dagli Stati Uniti è arrivata la notizia che il National Research Council ha aggiornato, dopo dieci anni, le sue raccomandazioni in fatto di dieta, rivolte in particolare a chi deve pianificare menù per grandi comunità. Fra i tanti consigli ce n'è uno che tocca i fumatori: se all'adulto servono almeno 60 milligrammi di vitamina C al giorno, altri 40 sono indispensabili a chi fuma (che significa consumare almeno un'arancia al giorno). E questo, perché chi fuma elimina più rapidamente questa vitamina. Sempre a proposito di fumo, e sempre dall'America, Paese molto attento alla salute dei suoi cittadini, arriva un'altra notizia. I più recenti esperimenti compiuti dalla società scientifica American Lung Association hanno dimostrato che gli effetti del fumo passivo lasciano tracce non trascurabili a carico dell'apparato circolatorio, non solo a lungo termine, come si era sinora ritenuto, ma anche nell'immediato provocando una ridotta capacità lavorativa del cuore. Ne consegue una minor capacità del soggetto «passivo» di rispondere allo stress in modo adeguato.

Source: *Guida Cucina*, 25 giugno–1 luglio 1990.

---

3. Perché un'arancia al giorno è importante per chi fuma?

_____

_____

4. Due consigli sono arrivati dagli Stati Uniti in Italia. Uno riguarda l'importanza dell'arancia; qual è l'altro?

_____

_____

_____

SINTESI E ESPANSIONE

A. Dal presente al passato. Trasforma la storia dal presente al passato. Fa' tutti i cambiamenti necessari. (Aiuto: Tieni presente la differenza tra l'uso dell'imperfetto e del passato prossimo.)

> Sono in una trattoria. Sto mangiando gli spaghetti e leggendo il giornale, quando vedo entrare una ragazza alta e snella con i capelli castani. È vestita molto elegantemente. Porta la gonna lunga, la camicetta di seta, gli stivali e occhiali da sole. Sono sicuro che è un'attrice famosa, ma non mi ricordo il suo nome. La ragazza toglie gli occhiali da sole e guarda il menu. Il cameriere le chiede cosa vuole e le va a prendere del vino e del pane. A questo punto, sono molto curioso. Mi alzo e mi avvicino alla sua tavola. Lei alza gli occhi e mi guarda fisso. Sono molto imbarazzato e non so che fare. Non riesco a parlare. La donna mi chiede: "Ma... Lei non è quell'attore famoso...come si chiama... non mi ricordo..." e io rispondo: "No, mi dispiace... Sono, eh... devo andare via, mi scusi..." Vado alla cassa, pago il conto, e esco dalla trattoria rosso come una ciliegia.

_____

_____

_____

_____

_____

_____

_____

_____

_____

Inventa un titolo per la storia che hai letto:

_____

B. Al ristorante. Vai ad un ristorante di lusso con un amico per festeggiare il tuo compleanno. Purtroppo, al tuo amico non piace niente sul menu. Scrivi il dialogo fra te, il tuo amico e il cameriere frustrato.

Menu

Antipasti	Secondi	Spumanti
I crostini	Arrosto di pollo	Pinot Spumante Brut
Prosciutto e melone	Bistecca alla griglia	Fontanafredda
Antipasto misto	Il pesce del giorno	Ferrari
Salumi	Arrosto di vitello	Berlucchi
Primi	**Contorni**	**Champagne**
Lasagne al forno	Verdura cotta	Veuve Clicquot Pousardin
Minestrone	Insalata	Moët et Chandon
Risotto milanese		Cattier Brut Premier Cru
Spaghetti alla carbonara		

_____
_____
_____
_____
_____
_____
_____
_____
_____
_____
_____
_____

C. Il ragù. Ecco una ricetta italiana. Sottolinea le parole che non conosci e cercale sul dizionario. Poi, prova la ricetta a casa!

Tagliare a piccoli pezzi una cipolla e una carota. Far soffrigere un po' in olio d'oliva. Aggiungere la carne tritata e con un mestolo di legno sbriciolare i grumi di carne mentre si cucina. (Farlo continuamente fino a quando la carne non è ben cotta.) Aggiungere circa mezzo bicchiere di vino bianco e far cuocere ancora un po'. Quando la carne è cotta aggiungere passato di pomodoro, un dado, e qualche foglia di basilico. Far cuocere a fuoco lento per 30–40 minuti a scelta. Buon appetito!

Parole nuove:_____

_____
_____

CAPITOLO **9**

In viaggio

LA LINGUA

I.   L'imperfetto del congiuntivo

A. Pratichiamo un po' le forme. Riempi gli spazi con uno dei verbi, all'imperfetto del congiuntivo. Puoi usare lo stesso verbo più di una volta.

andare	bere	dire	pagare	potere	stare
avare	conoscere	essere	parlare	sapere	

1. Credevo che Giorgio _____ italiano, ma è svizzero.

2. Non sapevo che tu _____ tanta gente in Italia.

3. Dubitavo molto che Alberto _____ tutto per il nostro viaggio.

4. Era la più bella statua che noi _____! E il bimbo l'ha rotta.

5. Era un vero peccato che voi _____ male tutto l'inverno.

6. Non credevamo che i ragazzi _____ vincere il premio.

7. Magari io _____ andare in Florida per le vacanze!

8. Se (io) _____ la risposta, te la direi.

9. Se (loro) _____ più acqua, mangerebbero di meno.

10. Non era vero che noi non _____ mai la verità!

B. Congiuntivo o indicativo? Usando il verbo della prima frase di ogni sequenza, riempi lo spazio con il verbo all'imperfetto, congiuntivo o indicativo. Scegli C (congiuntivo) o I (indicativo) prima di scrivere il verbo.

C I 1. È già arrivata Anna?—Credevo che *arrivasse* _____ alle due!

C I 2. Mario capiva tutto?—No, è impossibile che _____ tutto.

C I 3. Che lingua parlava Paola da bambina?—Giorgio crede che_____ inglese.

C I 4. È già partito?—Non sapevo che Pino _____ oggi!

C I 5. È al verde?—Ma si comportava come se _____ ricchissimo.

C I 6. Hanno pagato il conto?—Sì, era ovvio che _____.

C I 7. Maria e Pina non sono arrivate.—Temevo che non _____ oggi.

C I 8. I bambini guardavano la TV.—Sapevo che la _____ troppo.

C I 9. Guida lui?!—Speravo che _____ Naldo questa volta!

C I 10. Bevete troppo!—Vorremmo che voi _____ meno.

C I 11. Come stavi ieri sera?—Avevo paura che tu _____ male.

C I 12. Hanno cinque bambini?!—Ma credevo che non _____ bambini affatto.

II. Il *si* impersonale

A. Come si mangia? Riscrivere le frasi, usando il *si* impersonale.

1. In Puglia la gente mangia un pane meraviglioso.

   In Puglia si mangia un pane meraviglioso.

2. In America la gente non mangia la carne di cavallo.

   _____

3. A Bologna uno mangia i tortellini.

   _____

4. Gli italiani mangiano più tardi d'estate.

   _____

5. Nel Nord uno cucina con più burro. Nel Centro e nel Sud uno cucina con più olio d'oliva.

   _____

6. La gente fa le lasagne più al Nord. Nel Sud la gente fa i maccheroni.

   _____

7. Gli italiani non mettono il formaggio sugli spaghetti al tonno.

   _____

8. In Toscana la gente mangia i cantuccini con il vin santo.

   _____

9. Nella zona di Sondrio, in montagna, la gente fa i pizzoccheri quando ha molta fame.

   _____

10. In tutte le regioni d'Italia uno può trovare delle specialità che uno non trova altrove.

   _____

III. *Ci* e *ne*

A. Cominciamo con *ci*. Rispondi alla domanda, usando *ci*.

1. Sei mai stato/a in Italia?   *Sì, ci sono stato/a./No, non ci sono stato/a.*

2. Vai in Europa per le vacanze estive?   _____

3. Sei andato/a in Florida l'anno scorso?   _____

4. Ti trovi bene nella città dove abiti?   _____

5. Vai spesso al cinema?   _____

6. Che cosa si può vedere nella tua città? _____

7. Pensi molto ai problemi sociali? _____

8. Vivi a casa? Se no, torni spesso a casa? _____

9. Si mangia bene a casa tua? _____

10. Che cosa si beve a casa tua a tavola? _____

B. Pratichiamo con *ne*. Rispondi con *ne*.

1. Parli molto della politica? *Sì, ne parlo molto. No, non ne parlo molto / ne parlo poco.*

2. Quanti corsi segui adesso? _____

3. Quanti libri hai comprato quest'anno? _____

4. Quanti amici hai che parlano italiano? _____

5. Quanti film hai visto il mese scorso? _____

6. I tuoi amici parlano molto di cinema? _____

7. Quanti temi hai scritto l'anno scorso? _____

8. Ti sei comprato/a molti vestiti quest'anno? _____

9. Hai dato molti regali ai genitori a Natale? _____

10. Hai bevuto molto caffè stamattina? _____

C. *Ci* e/o *ne*. Rispondi, usando *ci* o *ne* o tutti e due.

1. Hai molti amici o pochi amici? _____

2. Vai spesso dal dentista? _____

3. Parli molte lingue? _____

4. Quale lingua parli a casa? _____

5. Spenderai molti soldi durante le vacanze? _____

6. Quanti studenti ci sono nel tuo corso d'italiano? _____

7. Quanti professori ci sono? _____

8. Nevica molto dove abiti? _____

9. C'è stata molta neve d'inverno l'anno scorso? _____

10. È caduta molta pioggia ultimamente? _____

VOCABOLARIO E LETTURA

I. Vocabolario e espressioni

A. I mezzi di trasporto. Quale mezzo di trasporto prendono queste persone?

1. _____

4. _____

7. _____

2. _____

5. _____

8. _____

3. _____

6. _____

9. _____

B. L'associazione. Con quale soggetto (o quali soggetti) associ queste parole?

M = la macchina
A = l'aeroporto
F = la stazione ferroviaria

1. accelerare _M A F_

2. la strada _____

3. il volo _____

4. il facchino _____

5. la coincidenza _____

6. il parcheggio _____

7. la patente di guida _____

8. l'accettazione _____

9. il rapido _____

10. il vagone _____

11. il benzinaio _____

12. il semaforo _____

13. l'incrocio _____

14. la dogana _____

C. La macchina, l'aereo, il treno. Che cosa si fa nelle seguenti situazioni?

1. Quando si ha una gomma a terra, _si cambia la gomma._

2. Quando i freni non funzionano bene, _____.

3. Quando la macchina non si mette in moto, _____.

4. Quando si perde la coincidenza, _____.

5. Quando non c'è posto da sedere sul treno, _____.

6. Quando il treno è in ritardo, _____.

7. Quando una persona fuma in uno scompartimento non-fumatori, _____

_____.

8. Quando il semaforo è rosso, _____.

9. Prima di partire per un viaggio all'estero, _____

10. Quando finisce la benzina, _____.

D. Lo scompartimento. Da sei a otto persone possono condividere uno scompartimento in treno. Spesso fa caldo durante il viaggio e c'è chi vuole il finestrino aperto. Però, c'è chi ha paura di prendere un colpo d'aria (*a draft*). Immagina la conversazione fra un viaggiatore che vuole il finestrino aperto e l'altro che preferisce tenerlo chiuso.

_____

_____

_____

_____

_____

_____

_____

II. Lettura

A. In un treno. Leggi la seguente interpretazione della situazione in D. Poi scrivi un riassunto della storia, in inglese, senza il dialogo.

IN UN TRENO

Il treno italiano ha due classi, cioè prima e seconda. Un giorno in uno scompartimento di seconda classe si incontrano due signore e un signore. Le due signore sono molto noiose perché una vuole il finestrino aperto e l'altra lo vuole chiuso.

—Se il finestrino sta chiuso, soffocherò qui dentro,— dice la prima.

—Se il finestrino sta aperto, prenderò il raffreddore e ne morirò,— dice la seconda. E così il finestrino va su e giù. Finalmente il signore perde la pazienza e dice:
—Ecco, signore. Facciamo così. Prima chiudiamo il finestrino, così soffocherà l'una. Poi apriamo il finestrino, e l'altra morirà di raffreddore. Così potrò dormire in pace.

Source: Vincenzo Cioffari and Angelina Grimaldi Cioffari, *Graded Italian Reader* (Toronto: D. C. Heath and Company, 1991), p. 52.

_____

_____

_____

_____

_____

B. La macchina. Trova le parole italiane per le parti della macchina.

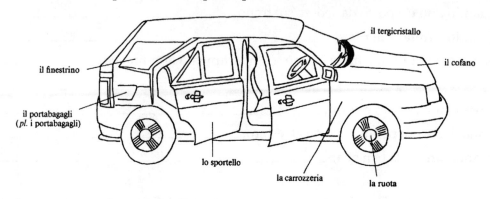

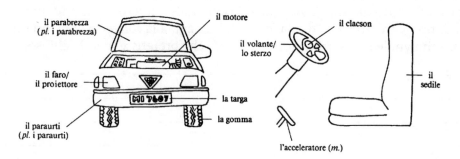

1. _____ headlight
2. _____ license plate
3. _____ trunk
4. _____ tire
5. _____ windshield wiper
6. _____ body
7. _____ horn
8. _____ seat
9. _____ wheel

10. _____ door
11. _____ bumper
12. _____ engine
13. _____ window
14. _____ hood
15. _____ windshield
16. _____ steering wheel
17. _____ gas pedal/accelerator

C. In un aeroplano. Sabrina prende l'aereo da Napoli per andare ad una conferenza a Milano. Leggi quello che le succede durante le varie fasi del suo viaggio.

Al check-in:

Sabrina: Buon giorno. Vorrei un biglietto d'andata e ritorno per Milano.

Commessa: Vorrebbe un posto per fumatori o non-fumatori?

Sabrina: Non-fumatori. E preferirei un posto vicino al finestrino.

Commessa: Mi dispiace. C'è rimasto soltanto un posto per fumatori in fondo all'aereo vicino al bagno. Il numero 34C.

Sabrina: Che sfortuna. E va bene... allora prendo 34C.

In aereo parlando con il viaggiatore nel posto accanto:

Sabrina:	Buon giorno.
Il viaggiatore:	Buon giorno. Che bella giornata per viaggiare, non è vero?
Sabrina:	Sì, ma io vado a Milano per motivi di lavoro. Sfrutto queste due ore di volo per dormire perché sono molto stanca.
Il viaggiatore:	Io invece sono in vacanza. Vado a Milano per prendere l'aereo per il Brasile. È da due anni che organizzo questo viaggio e sarà proprio un'avventura. Le racconto tutti i dettagli dell'itinerario, va bene?
Sabrina:	Bè, veramente vorrei dormire perché...
Il viaggiatore:	Dunque, parto da Milano a mezzogiorno e vado a New York dove...

All'aeroporto di Milano:

Sabrina:	Mi scusi. La mia valigia non è arrivata mentre gli altri viaggiatori hanno già preso le loro valige e sono partiti.
Commesso:	Un attimo che controllo sul computer. Come si chiama?
Sabrina:	Sono Sabrina Rozzini. Sono arrivata sul volo 437 da Napoli.
Commessa:	Mi dispiace, signora Rozzini, ma sembra che le sue valige siano andate a finire su un volo per New York...

1. Sabrina ha qualche contrattempo durante il suo viaggio. Quali sono?

_____

_____

_____

_____

_____

2. Hai mai preso l'aereo? Com'è andato il tuo viaggio?

_____

_____

_____

_____

_____

SINTESI E ESPANSIONE

A. Il passato. Svolgi le frasi al passato.

1. Paolo prende la nave benché voglia volare.

   _____

2. Credo che Maria noleggi un pulmino invece di una macchina.

   _____

3. Benché ci sia il sole, Marco chiama un tassì.

   _____

4. Spero che il meccanico possa riparare il motorino.

   _____

5. Non vogliono che beviamo il caffè.

   _____

6. Si dice che Marco e Mario stiano facendo la scuola guida.

   _____

7. Benché piova vado al mercato.

   _____

B. _Ci o ne_? Decidi se si può usare _ci_ o _ne_ nella risposta. Sottolinea la parte della frase che va sostituita, e poi scrivi la risposta.

1. Vuoi andare _in Italia_ in vacanza?   (ci) / ne

   Sì, ci voglio andare.

2. Credi agli UFO?   ci / ne

   _____

3. La tua macchina consuma molta benzina?   ci / ne

   _____

4. Hai comprato del pane?   ci / ne

   _____

5. Hai messo i bagagli nella macchina?   ci / ne

   _____

6. Porti spesso il motorino dal meccanico?   ci / ne

   _____

7. Quanti biscotti ha preparato la nonna?   ci / ne

   _____

8. Ti sei divertito in Grecia?   ci / ne

   _____

9. Avete due macchine in famiglia?   ci / ne

_____

10. Avete parlato della letteratura Italiana?   ci / ne

_____

C. Che cosa si fa alla stazione ferroviaria? Guarda il disegno e scrivi otto frasi in cui descrivi quello che si fa alla stazione ferroviaria. Usa il _si_ impersonale.

_____

_____

_____

_____

_____

_____

_____

_____

D. Al passato. Svolgi le frasi in esercizio C al passato prossimo.

_____

_____

_____

_____

_____

_____

_____

_____

CAPITOLO 10

A tutto sponsor!

LA LINGUA

I. **L'imperfetto vs. il passato prossimo**

A. *Sapere* o *conoscere?* **L'imperfetto o il passato prossimo?** Riempi gli spazi con le forme adatte dei verbi *sapere* o *conoscere.*

1. Luisa _____ Mario il 21 febbraio 1990, a casa di un amico a Roma. Lei

   _____ già suo fratello maggiore Federico, e (lei) _____

   che Mario era un tizio sportivo e che lui _____ suonare molto bene il

   pianoforte. La sera del ventun febbraio Luisa _____ che Mario

   _____ da molto tempo tanta gente a Padova perché lui aveva studiato lì.

2. Un giorno quando ero studente in Italia (io) _____ un ragazzo che

   _____ molto bene un mio cugino, David, che studiava a New Orleans.

   Io non _____ molto bene mio cugino, perché non ci vedevamo spesso.

   Così lui _____ molte cose di David che (io) non _____.

   (io) _____ per esempio che David e la sua fidanzata

   _____ a Washington e che all'inizio nessuno dei due

   _____ che l'altro fosse di New Orleans.

B. **L'imperfetto o il passato prossimo di nuovo.** Completa la storia con la forma adatta del verbo indicato.

   Il mese scorso io (andare) _____ spesso a fare visita a mio nonno

che non (abitare) _____ molto lontano. Un giorno che io (andare)

_____ a vederlo la nonna mi (dire)_____ che il

nonno (essere) _____ in ospedale anche se non (stare)

_____ troppo male. Io allora (decidere) _____ di

andare a trovarlo e quando (io) (arrivare) _____ all'ospedale, (io)

(incontrare) _____ le mie zie che (andare)

_____ anche loro dal nonno. Allora tutti insieme noi (entrare)

_____ per vedere il nonno che (essere) _____ molto

contento di vederci.

II. Il trapassato

A. Troppo tardi! Tu hai delle buone intenzioni, ma sei sempre in ritardo. Completa le frasi, spiegando che cosa era successo prima.

1. Sono andato a trovare Filippo, ma _era già uscito quando sono arrivato!_
2. Volevo pagare la cena, ma _Lisa l'aveva già pagata!_
3. Avevo intenzione di lavare la macchina, ma _____.
4. Volevo chiedere qualcosa a Derno, ma _____.
5. Avrei spedito io l'assegno, ma _____.
6. Dovevo dare da mangiare al cane, ma _____.
7. Volevo dirti quanto ti amo, ma _____.
8. Avrei finito i biscotti, ma _____.
9. Sarei andato/a al concerto, ma _____.
10. Dovevo pagare l'affitto giovedì con quei soldi, ma _____.
11. Sarei uscito/a con te, ma _____.
12. Volevo andare a lezione ieri, ma _____.

B. Il trapassato: indicativo o congiuntivo? Scegli un verbo.

arrivare   mangiare   morire   nascere   pagare
prenotare   scrivere   studiare   vedere   vincere

1. Era evidente che lui _____ molto prima di dare l'esame.
2. Dubitavo molto che lei _____ prima di uscire.
3. Pensavamo che quell'attore _____ nel 1968, ma è ancora vivo!
4. Sì, io sapevo che loro _____ la camera prima di partire.
5. Diceva di non avere fame. Credevo che _____, ma invece faceva la dieta.
6. Non era vero che io _____ quel film tre volte. L'ho detto perché non volevo andare con loro.
7. Credevamo che Dina _____, così non siamo andati all'aeroporto a prenderla.
8. Ma non sapevo che Marta _____ un premio per la sua poesia!
9. Sono il più vecchio di tutti?! Credevo che voi _____ prima di me!
10. Gli altri pensavano che tu _____ la lettera, ma ho dovuto scrivere io!

III. Il passato remoto

A. I verbi regolari. Quali sono le forme che mancano?

	io	tu	lui/lei	noi	voi	loro
1.	parlai	_____	_____	_____	_____	_____
2.	vendei	_____	_____	_____	_____	_____
3.	finii	_____	_____	_____	_____	_____
4.	_____	_____	cantò	_____	_____	_____
5.	_____	_____	_____	_____	_____	capirono
6.	_____	mangiasti	_____	_____	_____	_____

B. I verbi irregolari. Quali sono le forme per *io, lui/lei, loro*?

	io	lui/lei	loro
1.	dissi	_____	_____
2.	ebbi	_____	_____
3.	_____	bevve	_____
4.	_____	_____	vollero
5.	_____	nacque	_____
6.	feci	_____	_____
7.	_____	_____	misero
8.	_____	diede	_____
9.	stetti	_____	_____
10.	_____	_____	conobbero

C. Il passato prossimo e il passato remoto. Da' il passato prossimo e poi il passato remoto dei verbi, per i soggetti indicati.

	passato prossimo	passato remoto
1. Gina/rompere	_____	_____
2. Paola/partire	_____	_____
3. i ragazzi/prendere	_____	_____
4. le ragazze/rimanere	_____	_____
5. io/mettere	_____	_____
6. mia madre/venire	_____	_____
7. la squadra/vincere	_____	_____
8. io/smettere	_____	_____
9. i ragazzi/andare	_____	_____
10. voi/parlare	_____	_____

D. Riconoscere le forme. Da' il passato prossimo che corrisponde al passato remoto usato.

1. Andarono in macchina. _____
2. Dissi la verità. _____
3. Facemmo le prove. _____
4. Scrivesti al padre. _____
5. Morì anni fa. _____
6. Finii tutto. _____
7. Fu bellissimo. _____
8. Gli diedero tutto. _____
9. Ne beveste troppo. _____
10. Rimasi male. _____

VOCABOLARIO E LETTURA

I. Vocabolario e espressioni

A. Lo sport. Con quali sport associ queste parole? Scegli dalla lista.

l'alpinismo	il ciclismo	il nuoto	la pesca
l'automobilismo	il culturismo	la pallacanestro	il pugilato
il baseball	l'hockey	la pallavolo	lo sci
la caccia	il motociclismo	il pattinaggio	il tennis

1. il campo: *il tennis, il baseball* _____
2. l'arbitro: _____
3. la corsa: _____
4. la palestra: _____
5. il giocatore: _____
6. la partita: _____
7. il ghiaccio: _____
8. la canna e la barca: _____
9. la piscina: _____
10. i pesi: _____
11. gli scarponi: _____
12. il fucile: _____
13. la squadra: _____

B. Lo sport di nuovo. Quali sport si fanno in questi luoghi? Scegli dalla lista di sport in esercizio A.

1. in palestra: _____
2. allo stadio: _____

3. al lago o al mare: _____

4. in un bosco: _____

5. in montagna: _____

6. a Monte Carlo: _____

C. **Il tempo.** Le quattro stagioni hanno climi diversi. Descrivi il clima di ciascuna stagione.

La primavera: _____

_____

_____

L'inverno: _____

_____

_____

L'estate: _____

_____

_____

L'autunno: _____

_____

_____

D. **La tempesta.** Descrivi la tempesta più brutta che tu abbia mai visto. Che cos'è successo? Com'era il cielo? Tirava vento? Avevi paura?

_____

_____

_____

_____

_____

II. **Lettura**

A. **Il lampo e il tuono.** Leggi queste due poesie di Giovanni Pascoli, poeta del Novecento. Senza cercare le parole sconosciute nel dizionario, sottolinea i verbi e scrivi la forma dell'infinito nello spazio a destra. Poi, rispondi alle domande.

Il lampo
E cielo e terra <u>si mostrò</u> qual era: *mostrarsi*

la terra ansante, livida, in sussulto;
il cielo ingombro, tragico, disfatto:
bianca bianca nel tacito tumulto
una casa apparì sparì d'un tratto;
come un occhio, che, largo, esterrefatto,
s'aprì si chiuse, nella notte nera.

Il tuono

E nella notte nera come il nulla,
a un tratto, col fragor d'arduo dirupo
che frana, il tuono rimbombò di schianto:
rimbombò, rimbalzò, rotolò cupo,
e taque, e poi rimareggiò rifranto,
e poi vanì. Soave allora un canto
s'udì di madre, e il moto di una culla.

1. Quale forma del verbo usa Pascoli? _____

2. Perché, secondo te, ha usato questa forma?

   _____

   _____

3. Leggi le poesie a voce alta. Senza cercare le parole nel dizionario, scrivi le tue impressioni delle tempeste che Pascoli descrive.

   _____

   _____

   _____

   _____

4. Adesso, cerca le parole sconosciute nel dizionario. Le tue impressioni erano giuste?

   Nuove parole: _____

   _____

   _____

   _____

B. **Il Novecento.** Leggi la descrizione del Novecento e rispondi alle domande.

La cultura del primo Novecento

L'ottimismo nell'avvenire dell'umanità aiutato dallo sviluppo delle scienze che aveva caratterizzato la seconda metà dell'800, cominciò a venire meno verso la fine del secolo. Le questioni sociali più gravi erano lontane dall'essere risolte, la tensione tra i vari paesi si accresceva....

Il culmine della crisi coincise soprattutto con il pensiero di **Friedrich Nietzsche**, che celebrò l'affermazione del «superuomo», cioè di un individuo sovrastante la massa degli uomini comuni e tale da poterli dominare incontrastato. Queste teorie, che sostanzialmente non avevano un valore scientifico, ebbero però grande diffusione e favorirono, al termine della prima guerra mondiale, l'affermarsi di idee politiche come il fascismo (e più tardi il nazismo), fondate sull'esaltazione di capi proposti al popolo come guide invincibili.

In questo clima si affermò il *decadentismo*, che non fu un movimento artistico vero e proprio, ma una tendenza largamente penetrata nella società, nei gusti e nella moda. Come dice la parola, il decadentismo era la sensazione di appartenere ad una civiltà giunta al culmine dello splendore, ma incamminata ormai verso un inevitabile declino.

I due maggiori poeti italiani del tempo, **Gabriele D'Annunzio** e **Giovanni Pascoli**, pur avendo temperamenti assai diversi, ebbero entrambi la consapevolezza della fragilità delle cose e furono dominati come da un presentimento di morte.

Source: *Il libro Garzanti della storia*, vol. 3 (Milano: Garzanti, 1971), p. 232.

---

1. Sottolinea tutti i verbi al passato remoto e scrivi la forma equivalente nel passato prossimo.

   _____   _____

   _____   _____

   _____   _____

   _____   _____

2. Secondo l'articolo, che cosa cambia tra l'Ottocento e il Novecento?

   _____

   _____

   _____

   _____

   _____

3. Qual era il clima culturale del primo Novecento?

   _____

   _____

   _____

   _____

4. Quali idee formate durante questo periodo aiutarono ad affermare idee politiche come il fascismo e poi il nazismo?

   _____

   _____

   _____

   _____

5. Che cos'era il decadentismo? Quali poeti italiani rappresentarono questo movimento?

   _____

   _____

   _____

   _____

6. In esercizio A hai letto due poesie di Giovanni Pascoli. Quali elementi decadentisti trovi in queste poesie?

   _____

   _____

   _____

   _____

SINTESI E ESPANSIONE

A. Il trapassato indicativo. Crea delle frasi usando le informazioni fornite.

1. lunedì: studiare la matematica   martedì: superare l'esame

   Non ho superato l'esame di matematica
   perché non avevo studiato abbastanza.

2. lunedì: passare in agenzia a   sabato: partire per le vacanze
   prendere i biglietti d'aereo

   _____

3. mercoledì: fare la spesa   venerdì: preparare una cena
                                        speciale

   _____

4. venerdì: telefonare a Tina   sabato: andare al cinema

   _____

5. martedì: fare un deposito   venerdì: comprare la macchina
   in banca   nuova

   _____

6. giovedì: prenotare una tavola   venerdì: mangiare al mio
   al mio ristorante preferito   ristorante preferito per il mio
                                       compleanno

   _____

7. lunedì: telefonare a Maria   martedì: andare a trovare Maria

   _____

B. Il trapassato o l'imperfetto del congiuntivo. Non sei molto aggiornato/a sulle attività del tuo amico. Ogni volta che ti dice qualcosa, sei sorpreso/a. Rispondi con un'esclamazione.

1. Sono andata in Francia per le vacanze.

   Non sapevo che fossi andato in vacanza!

2. Ieri ho incontrato Maria per la strada.

   Non sapevo che la conoscessi!

3. Ieri ho comprato i biglietti per la gara automobilistica.

   _____

4. Lunedì siamo andati a sentire un concerto di musica classica.

   _____

5. Mi sono iscritto ad un corso di tennis.

   _____

6. L'anno scorso ho comprato la macchina nuova.

   _____

7. Mi sono sposato in agosto.

   _____

C. La tempesta. Guarda il disegno e scrivi la storia.

_____

_____

_____

_____

_____

_____

D. Ti piacevano gli sport? Quando eri piccola/o, ti piacevano gli sport? Perché sì / perché no? Quali attività sportive facevi? Il nuoto? La pesca? La pallavolo? Descrivi le tue esperienze sportive quando eri piccola/o.

_____

_____

_____

_____

_____

WORKBOOK

CAPITOLO **11**

Incontro con gli astri!

LA LINGUA

I. I Superlativi

A. Proviamo un po'. Da' le forme giuste dei superlativi. Non dimenticare di stabilire prima la forma del maschile plurale

1. **bianco**   m. pl. _____

    a. bianco → _____   **c.** bianchi → _____

    b. bianca → _____   **d.** bianche → _____

2. **simpatico**   m. pl. _____

    a. simpatico → _____   **c.** simpatici → _____

    b. simpatica → _____   **d.** simpatiche → _____

3. **romantico**   m. pl. _____

    a. romantico → _____   **c.** romantici → _____

    b. romantica → _____   **d.** romantiche → _____

4. **ricco**   m. pl. _____

    a. ricco → _____   **c.** ricchi → _____

    b. ricca → _____   **d.** ricche → _____

5. **sporco**   m. pl. _____

    a. sporco → _____   **c.** sporchi → _____

    b. sporca → _____   **d.** sporche → _____

6. **facile**

    a. facile → _____   **c.** facili → _____

    b. facile → _____   **d.** facili → _____

7. **difficile**

    a. difficile → _____   **c.** difficili → _____

    b. difficile → _____   **d.** difficili → _____

B. Pratichiamo. Prima l'aggettivo normale, poi il superlativo equivalente.

1. bello

   a. Quella macchina è molto _____.   È _____.

   b. Quei libri sono molto _____.   Sono _____.

2. gentile

   a. Quel signore è molto _____.   È _____.

   b. Quelle donne sono molto _____.   Sono _____.

3. antipatico

   a. Quella cantante è molto _____.   È _____.

   b. Quelle cantanti sono molto _____.   Sono _____.

4. lungo

   a. Quel fiume è molto _____.   È _____.

   b. Quei fiumi sono molto _____.   Sono _____.

II. I Tempi del Futuro

NOTA BENE:
The future-tense endings for *io, tu, lui/lei/Lei,* and *loro/Loro* are very easy to remember. They are identical to the present tense of the verb *avere*, without the initial *h*.

parlare → parler-

+ ò = parler**ò**	+ emo = parler**emo**
+ ai = parler**ai**	+ ete = parler**ete**
+ à = parler**à**	+ anno = parler**anno**

A. Pratichiamo le forme.

1. (venire)   Le ragazze _____ domani e io _____ dopo.

2. (prendere) Noi _____ il vino bianco e lei _____ il rosso.

3. (pagare)   Io ti _____ quando loro mi _____.

4. (volere)   Lui _____ andare a Napoli e voi _____ andare a Palermo.

5. (fare)   Noi _____ la nostra parte se tu _____ la tua.

6. (bere)   Io _____ il latte e loro _____ l'acqua minerale.

7. (prenotare) Lui _____ la camera e io _____ il volo.

8. (arrivare) Gisella _____ alle due e i bimbi _____ con Mario.

9. (essere)   Andrea _____ alla stazione e noi

    _____ a casa.

10. (cercare)   Noi _____ le chiavi e voi _____ i libri.

11. (studiare)   Io _____ l'italiano e loro _____ la
    chimica.

12. (partire)   Tu _____ all'una e lui _____ alle tre.

13. (rimanere)   Gianni e Pia _____ a Bergamo e voi

    _____ a Verona.

14. (dovere)   Lui _____ finire i compiti e lei _____
    scrivere.

B. Il futuro anteriore. Finisci la frase con il verbo sottolineato al futuro anteriore.

1. Adesso è mezzogiorno. Luisa <u>arriva</u> a Roma domani alle dieci.

    A quest'ora domani Luisa _____ a Roma.

2. Sto scrivendo il tema adesso. Lo <u>finirò</u> stasera verso le sei.

    Quando tu arriverai stasera alle dieci, io _____ il tema.

3. Loro vanno in banca adesso per <u>prendere</u> i soldi.

    Stasera loro _____ i soldi e potremo partire per le vacanze.

4. Voi ragazze <u>partite</u> ora? Ma Gianni viene dopo!

    Allora voi _____ quando verrà Gianni.

5. Mi <u>faccio</u> la barba in fretta. Devo andare a lezione fra un'ora.

    Mi _____ la barba quando andrò a lezione.

6. Non posso preparare la torta questa mattina e i tuoi <u>vanno</u> via alle undici.

    I tuoi _____ via quando la torta sarà pronta.

7. Noi <u>compriamo</u> i regali stamattina e i bimbi tornano a casa alle tre.

    Noi _____ i regali prima delle tre.

8. Filippo si laurea quest'anno. <u>Troverà</u> un lavoro subito.

    Sono certo che fra sei mesi lui _____ un buon lavoro.

C. Futuro e futuro anteriore di probabilità. Rispondi alle domande, usando il futuro o il futuro anteriore. Attenti al tempo della risposta!

1. Come mai non c'è Carlo? (ha dimenticato l'appuntamento)
   Avrà dimenticato l'appuntamento.

2. Dov'è Mario? (è in ospedale)
   Sarà in ospedale.

3. Dov'è la bimba? (sotto il letto)
   _____

4. Perché lui ha fatto così male l'esame? (non ha studiato)
   _____

5. Dove sono le mie chiavi? (le hai lasciate in ufficio)
   _____

6. Come mai Lina non viene a lezione? (sta male)
   _____

7. Perché non è venuta la professoressa? (è dovuta andare a Chicago)
   _____

8. Come mai la gatta non mangia? (ha già mangiato un topo)
   _____

9. Dove sono Gino e Gilberto? (sono in biblioteca)
   _____

10. Come mai il cane abbaia? (ha sentito un rumore)
    _____

III. **I suffissi.** Aggiungi un suffisso alla parola sottolineata per esprimere lo stesso significato con una sola parola.

1. La nostra <u>casa</u> è piccola. È una _____.
2. Giorgio è un <u>ragazzo</u> molto grande. È un _____.
3. Questo <u>film</u> è orribile. È veramente un _____.
4. Che belle le piccole <u>mani</u> della bimba! Ha le _____ preziose!
5. Ha scritto un <u>libro</u> di settecento pagine! Che _____!
6. La tua <u>macchina</u> è tutta scassata (*broken down*). Perché non vendi quella

   _____?
7. La <u>palla</u> più piccola nel gioco delle bocce si chiama _____.
8. Quella <u>vecchia</u> è piccola e delicata. È una _____ molto simpatica.

VOCABOLARIO E LETTURA

I. Vocabolario

A. Attributi. Che cosa fanno le persone con le seguenti qualità?

1. maleducata: *Una persona maleducata mastica (chews) con la bocca aperta.*

2. altruista: _____

3. incompetente: _____

4. ingenua: _____

5. furbissima: _____

6. impaziente: _____

7. pigrissima: _____

8. avara: _____

9. estroversa: _____

10. antipatica: _____

11. egoista: _____

B. I contrari e i superlativi. Fornisci il contrario e poi scrivi la forma superlativa delle due parole.

1. simpatico: *antipatico*   *simpaticissimo:*   *antipaticissimo*

2. intelligente: _____ _____: _____

3. debole: _____ _____: _____

4. ricco: _____ _____: _____

5. energico: _____ _____: _____

6. grasso: _____ _____: _____

7. cattivo: _____ _____: _____

8. brutto: _____ _____: _____

9. basso: _____ _____: _____

C. Forma maschile o forma femminile? Scegli la parola giusta.

1. "Bambini, venite a mangiare! Siamo tutti a (tavolo / tavola) e vi aspettiamo."

2. Ogni due settimane bisogna annaffiare (i pianti / le piante).

3. "Studenti, prendete (un foglio / una foglia) di carta e scrivete il dettato."

4. Devo andare dal dottore perché mi fa male (il collo / la colla).

5. "Andiamo al museo! Ho sentito che fanno (un mostro / una mostra) d'arte moderna."

6. Bisogna fare ginnastica per stare bene di (saluto / salute).

7. Il bambino ha rubato delle caramelle dal negozio e adesso si sente in (colpo / colpa).

8. Fanno il ballo in (un sale / una sala) all'Hotel Ariston.

9. Prima di buttare la pasta, metto (del sale / della sala) nell'acqua bollente.

D. I suffissi. Fornisci il sinonimo con il suffisso.

1. un grande libro: *un librone*
2. una piccola mano: _____
3. una brutta casa: _____
4. una ragazza cattiva: _____
5. un piccolo pesce: _____
6. brutto tempo: _____
7. una grande macchina: _____
8. un piccolo bicchiere: _____
9. una breve lettera: _____
10. un piccolo albero: _____
11. carta da buttare via: _____

II. Lettura

A. Alfonso e i suoi colleghi di lavoro. Leggi le descrizioni dei personaggi dal romanzo di Italo Svevo, *Una Vita*, e rispondi alla domande. Scrivi le parole nuove che cerchi nel dizionario nello spazio alla fine dell'esercizio.

> **Alfonso:**
> Non solo nel vestire Alfonso differiva dal suo collega. Era pulito, però dal solino di bucato ma giallognolo, alla giubba grigia, tutto dinotava in lui il gusto poco raffinato e il desiderio di spenderli corti.... Alto e robusto, in piedi appariva troppo lungo, e tenendosi con tutto il corpo alquanto chino all'innanzi quasi volesse assicurarsi dell'equilibrio, sembrava debole e incerto.

Riscrivi la descrizione di Alfonso con le tue parole:

_____

_____

_____

Dalla descrizione fisica di Alfonso, che cosa si capisce del personaggio? Che tipo di persona è?

_____

_____

_____

Sanneo:

Entrò correndo <u>Sanneo</u>, il capo corrispondente. Era un uomo sulla trentina, alto e magro, i capelli di una biondezza sbiadita. Aveva ogni parte del lungo corpo in continuo movimento; dietro agli occhiali si muovevano irrequieti gli occhi pallidi.

Riscrivi la descrizione di Sanneo con le tue parole:

_____

_____

_____

Dalla descrizione fisica di Sanneo, che cosa si capisce del personaggio? Che tipo di persona è?

_____

_____

_____

_____

Il signor Maller:

<u>Il signor Maller</u>... era un uomo forte, grasso, ma alto di statura. Lo si sentiva respirare talvolta, non affanosamente però. La testa era quasi calva, la barba intiera aveva folta, non lunga, di un biondo tendente al rosso. Portava occhiali con filetti d'oro. La sua testa aveva l'aspetto volgare per il colore rosso carico della pelle.

Riscrivi la descrizione del signor Maller con le tue parole:

_____

_____

_____

Dalla descrizione fisica del signor Maller, che cosa si capisce del personaggio? Che tipo di persona è?

_____

_____

_____

Parole nuove: _____

_____

_____

_____

Source: Italo Svevo, *Una vita* (Milano: Dall'Oglio, 1938), pp. 8–9.

B. Le esclamazioni. Descrivi la situazione in cui si sentirebbero le seguenti esclamazioni.

1. State zitti. *I bambini continuano a parlare e urlare benché l'insegnante abbia chiesto loro di smettere.*

2. Che peccato! _____

3. Basta! _____

4. Ma sei pazzo? _____

5. Non fare lo stupido! _____

6. Non importa! _____

7. Che guaio! _____

8. Che sciocco! _____

9. Attenzione! _____

C. La cortesia. Traduci i dialoghi.

1. —Thanks. _____

   —You're welcome. _____

2. —Would you go to the Post Office for me? _____

   —I'd be happy to. _____

3. —Thanks so much for going to the Post Office for me. _____

   _____

   —Don't mention it. _____

4. —Excuse me, professor. May I ask you a question? _____

   _____

5. —Our team won the championship game! _____

   _____

   —Congratulations! _____

6. —Would you like to go for a pizza? My treat. _____

   _____

   —Thanks, that's very kind of you. _____

   _____

7. —Do you mind if I make a phone call? _____

   _____

   —No problem. The phone is in the hall. _____

   _____

SINTESI E ESPANSIONE

A. Le frasi ipotetiche. Completa le frasi.

1. Se Mario andrà in Polonia in vacanza, *Maria passerà una settimana al mare.*
2. Se Lucrezia decide di andare all'università, _____
3. Se Sandro e Filippo troveranno lavoro, _____
4. Se fate il corso di matematica, _____
5. _____, prenderete un buon voto.
6. _____, andremo in Francia per la luna di miele.
7. _____, sarai proprio felice.

B. La giornata di Sergio e Maria. Descrivi la giornata di Sergio e Maria usando il futuro e il futuro anteriore. Fa' attenzione all'ordine delle loro attività.

visitare il museo d'arte	pranzare	andare a dormire
cenare	mangiare un gelato	leggere il giornale
andare in banca	fare un giro in bici	fare colazione
giocare a tennis	uscire di casa	fare la spesa
studiare	andare a trovare amici	vestirsi

1. *Quando avranno fatto colazione, usciranno di casa.*
2. _____
3. _____
4. _____
5. _____
6. _____
7. _____

C. Che cosa faranno? Che cosa pensi che faranno le persone nelle seguenti situazioni?

1. Gianni ha vinto cento milioni.
   Gianni comprerà una casa e farà una bella vacanza.
2. Marcella telefona a Sergio e gli chiede di andare al cinema. Che farà Sergio?

_____

3. Silvia ha appena comprato una Ferrari.

_____

4. La madre di Emilio gli dà dei soldi per fare la spesa ma Emilio li perde. Che farà Emilio?

_____

5. Piero torna a casa e scopre che ha perso le chiavi.

_____

6. Enrica dovrebbe andare a prendere la sua sorellina alla scuola elementare, ma sta leggendo un libro e dimentica di andare a prenderla. Che farà la sua sorellina?

_____

7. È il compleanno di Roberto, e Gina gli regala una cravatta bruttissima. Che cosa farà Roberto?

_____

D. Come sarà il mio partner? Immagina la tua vita fra 20 anni. Se avrai un partner, come sarà? Che carattere avrà?

_____

_____

_____

_____

_____

_____

CAPITOLO 12

Al lavoro!

LA LINGUA

I. Il condizionale

> **NOTA BENE:**
> The conditional and future forms for *noi* are similar, but distinct.
>
> | Futuro | Condizionale |
> |---|---|
> | parler*emo* | parler*emmo* |
> | berr*emo* | berr*emmo* |
> | avr*emo* | avr*emmo* |
>
> **Also note the difference between the *tu* form in the future tense and the *io* form in the conditional.**
>
> | Futuro (tu: -ai) | Condizionale (io: -ei) |
> |---|---|
> | parler*ai* | parler*ei* |
> | berr*ai* | berr*ei* |
> | avr*ai* | avr*ei* |

A. Pratichiamo le forme del condizionale.

1. (mangiare)   Io _____ la pizza e lui _____ gli spaghetti.

2. (volere)   Loro _____ il vino bianco ma noi

   _____ il vino rosso.

3. (cantare)   Tu _____ la prima canzone e lei

   _____ la seconda.

4. (prendere)   Voi _____ il treno e noi _____ il pullman.

5. (andare)   Antonio _____ a Vicenza e io _____ a Verona.

6. (preparare)   Io _____ la lettura e Gianna _____ gli esercizi.

7. (pagare)   Noi _____ il pranzo e voi _____ la cena.

8. (stare) Tu _____ a casa e loro _____ qui.

9. (partire) Tiziana _____ all'una e io _____ alle due.

10. (essere) Noi _____ i primi ad arrivare e voi _____ gli ultimi.

B. Sarebbe difficile? Due coppie italiane, Enzo e Maria Cecconi e Leonardo e Grazia Romano, vorrebbero fare le vacanze insieme. Sembra impossibile, però. Ecco perché. Completa il brano, usando i verbi al condizionale. Non usare nessun verbo più di due volte.

andare	essere	piacere	spendere	volere
dormire	mangiare	potere	tornare	

I Cecconi _____ andare in Svezia e i Romano _____ andare in Messico. Poi a Maria _____ fare il trekking in campagna e dormire in tenda, mentre a Grazia _____ prendere un bell'appartamento sul mare, al caldo. I Cecconi non _____ molti soldi perché non li hanno, ma i Romano sono proprio ricchi e _____ spendere anche duecentomila lire al giorno solo per mangiare. E a proposito del mangiare, i Cecconi _____ solo piatti vegetariani ma i Romano _____ la carne tre volte al giorno se fosse possibile. Inoltre Enzo e Maria _____ a letto molto presto mentre i Romano _____ all'albergo molto tardi e _____ fino alle dieci o le undici. Insomma, forse fare le vacanze insieme non _____ una buona idea!

C. Il condizionale passato. Che cosa avresti fatto tu?

1. Bill ha comprato una Mazda.

Io avrei comprato una Mustang./Anch'io avrei comprato una Mazda.

2. Filippo ha bevuto l'acqua minerale con la pizza ieri sera.

_____

3. Linda è andata in Italia per l'estate.

_____

4. Simona ha studiato medicina.

_____

5. Carl ha trovato cento dollari per la strada e li ha dati alla polizia.

_____

6. Beppino ha vinto la lotteria e si è sposato subito.

_____

7. Giorgio e i suoi amici sono andati in montagna per le vacanze di primavera.

_____

8. I genitori di Mario si sono comprati una casa in Florida.

_____

9. Quando mi sono laureato ho trovato un lavoro a Seattle.

_____

II. La frase ipotetica. Pratichiamo le forme e il senso. Pensa un po' prima di scegliere il tempo verbale. Studia gli esempi.

1. Non ho molto tempo libero. Non cerco un altro lavoro.
   Se avessi molto tempo libero, cercherei un altro lavoro.

2. Lui non è andato alla festa. Non ha conosciuto Livia.
   Se fosse andato alla festa, avrebbe conosciuto Livia.

3. Non hanno risparmiato abbastanza soldi. Non vanno in Italia.
   Se avessero risparmiato abbastanza soldi, andrebbero in Italia.

4. Non hai la TV via cavo. Non puoi vedere il concerto.
   Se _____ la TV via cavo, _____ vedere il concerto.

5. Non conosciamo nessuno a Zurigo. Non ci andiamo.
   Se _____ qualcuno a Zurigo, ci _____.

6. Non hanno abbastanza soldi. Non comprano quella macchina.
   Se _____ abbastanza soldi, _____ quella macchina.

7. Non sono arrivati in tempo. Non hanno preso il treno.
   Se _____ in tempo, _____ il treno.

8. Alberto non ha studiato. Non ha superato l'esame.
   Se Alberto _____, _____ l'esame.

9. Ho dovuto lavorare ieri sera. Non sono andato alla riunione.
   Se non _____ lavorare ieri sera, _____ alla riunione.

10. Non avete trovato le chiavi. Non potete uscire di casa.
    Se _____ le chiavi, _____ uscire di casa.

11. Non hanno ricevuto i soldi. Non vanno a Chicago domani.
    Se _____ i soldi, _____ a Chicago domani.

12. Non ho riparato la macchina. Non torno a casa.
    Se _____ la macchina, _____ a casa.

VOCABOLARIO E LETTURA

I. Vocabolario

A. I mestieri. Quale mestiere preferisci? Scrivi i mestieri della lista in ordine di preferenza, con il mestiere più interessante al primo posto e il meno interessante all'ultimo.

l'architetto	l'avvocato	il muratore
il/la dirigente	il/la barista	il/la farmacista
il/la giornalista	il medico	il/la musicista
il cameriere / la cameriera	il parucchiere / la parucchiera	il professore / la professoressa
l'ingegnere	il/la commercialista	il/la tassista
l'insegnante	l'infermiere / a	il/la falegname
il sarto / la sarta	il commesso / la commessa	

1. _____
2. _____
3. _____
4. _____
5. _____
6. _____
7. _____
8. _____
9. _____
10. _____

11. _____
12. _____
13. _____
14. _____
15. _____
16. _____
17. _____
18. _____
19. _____
20. _____

<u>Rispondi con numeri ordinali.</u>

1. In quale posizione hai messo l'insegnante? _____
2. l'infermiere / a? _____
3. il parucchiere / la parucchiera? _____
4. il / la musicista? _____
5. il / la commercialista? _____
6. il / la giornalista? _____
7. il medico? _____
8. il muratore? _____
9. l'architetto? _____
10. l'avvocato? _____

B. Ancora i mestieri. Completa le seguenti frasi ipotetiche.

1. Se avessi mal di denti, *chiamerei un dentista.* _____
2. Se non si accendessero le luci, _____
3. Se avessi bisogno di comprare delle aspirine, _____

4. Se volessi costruire una nuova casa, _____

5. Se avessi bisogno di un vestito elegante per capodanno, _____

6. Se avessi bisogno di un passaggio, _____

7. _____, troverei un avvocato.

8. _____, andrei dal mio parucchiere.

9. _____, andrei dal medico.

10. _____, chiamerei un falegname.

11. _____, chiamerei l'idraulico.

C. **In banca.** Leggi la pubblicità e sottolinea tutte le parole che hai imparato in questo capitolo che riferiscono specificamente all'ambiente bancario.

Dietro ogni operazione che ci chiedi di svolgere ci sono i tuoi sogni, i tuoi desideri, le tue speranze. Noi non ce ne dimentichiamo mai. Per questo, in ognuno dei *18* Paesi in cui siamo presenti, in uno qualsiasi dei nostri *1.200* sportelli, troverai sempre una risposta alle tue domande. E anche qualcosa in più.

Prestito Casa: il TurboMutuo. Il prestito ideale per soddisfare in poco tempo ogni tuo desiderio. Tasso vantaggioso e minima documentazione. Fino a *150* milioni, anche in soli *15* giorni. Giusto il tempo di chiederlo.

BANCA DI ROMA
GRUPPO CASSA DI RISPARMIO DI ROMA
La tua amica banca.

Source: *Panorama,* 19 dicembre 1993.

D. **Chi è? Cos'è?** Trova le corrispondenze fra le due colonne.

1. chi dà il lavoro	**a.** le ferie
2. una persona che lavora per un'altra persona	**b.** stipendio lordo
3. quello che si guadagna ogni mese	**c.** datore di lavoro
4. il posto dove si costruiscono le macchine	**d.** i turni
5. lavorare oltre l'orario di lavoro	**e.** l'impiegato/a
6. essere senza lavoro	**f.** la fabbrica
7. le vacanze	**g.** lo stipendio
8. c'è ne sono tre: dalle 6 alle 2; dalle 2 alle 10; dalle 10 alle 6	**h.** essere disoccupato/a

9. lavorare otto ore al giorno,   **i.** fare straordinari
    cinque giorni della settimana

10. lo stipendio prima di sottrare le tasse   **l.** lavorare a orario pieno

II. La lettura

A. Una vita. A pagina 94 del *Workbook* hai letto una descrizione di Alfonso Nitti. Alfonso, nato in un piccolo paese in campagna, si è trasferito in una grande città del nord per lavorare in banca. Il suo collega si chiama Sanneo e il suo capo è il Signor Maller. Alfonso, purtroppo, non ci sta bene e vorrebbe tornare a casa. Leggi un passo della lettera che scrive a sua madre e rispondi alle domande.

Mamma mia,

...Credo che da studente io vi sia stato più contento perché c'era con me papà che provvedeva lui a tutto e meglio di quanto io sappia. E ben vero ch'egli disponeva di più denari. Basterebbe a rendermi infelice la piccolezza della mia stanza. A casa <u>la</u> destinerei alle oche!

Non ti pare, mamma, che sarebbe meglio che io ritorni? Finora non vedo che ci sia grande utile per me a rimanere qui. Denari non ti posso inviare perché non <u>ne</u> ho. Mi hanno dato cento franchi al primo mese, e a te sembra una forte somma, ma qui è nulla. Io m'ingegno come posso ma i denari non bastano, o appena appena.

Comincio anche a credere che in commercio sia molto ma molto difficile di fare fortuna, altrettanto, quanto, a quello che ne disse il notaro Mascotti, negli studi. E molto difficile! La mia paga è invidiata e debbo riconoscere di non meritar<u>la</u>. Il mio compagno di stanza ha centoventi franchi al mese, è da quattro anni dal signor Maller e fa dei lavori quali io potrò fare soltanto fra qualche anno. Prima non posso nè sperare nè desiderare aumenti di paga.

Non farei meglio di ritornare a casa? <u>Ti</u> aiuterei nei tuoi lavori, lavorerei magari anche il campo, ma poi leggerei tranquillo i miei poeti, all'ombra delle quercie, respirando quella nostra buona aria incorrotta.

Voglio dirti tutto! Non poco aumenta i miei dolori la superbia dei miei colleghi o dei miei capi. Forse mi trattano dall'alto in basso perché vado vestito peggio di loro. Sono tutti zerbinotti che passano metà della giornata allo specchio. Gente sciocca! Se mi dessero in mano un classico latino <u>lo</u> commenterei tutto, mentre essi non ne sanno il nome.

---

1. Sottolinea tutti i verbi al condizionale. (Aiuto: Ce ne sono otto.)

2. In ogni paragrafo c'è un pronome sottolineato. A che cosa referisce nel testo?

    a. la _____

    b. ne _____

    c. la _____

    d. ti _____

    e. lo _____

3. Le parole *paga* e *denari* si trovano nella lettera. Pensa ad un sinonimo italiano per ciascuna parola.

    paga = _____   denari = _____

4. Comprensione

    a. Qual era il periodo più felice della vita di Alfonso? Perché?

    _____

    _____

    b. Quale ragione dà a sua madre per tornare a casa?

    _____

    _____

    c. Che cosa farebbe Alfonso se tornasse a casa?

    _____

    _____

    d. Secondo Alfonso, qual è la differenza tra lui e i suoi colleghi di lavoro?

    _____

    _____

SINTESI E ESPANSIONE

A. La tua opinione. Quale sarebbe la tua opinione in queste situazioni? Usa il presente o passato del condizionale.

    1. Maria ha perso gli assegni.
      Secondo me dovrebbe chiamare subito la banca.

    2. Quando Silvio ha perso il treno, è tornato a casa.
      Secondo me avrebbe dovuto aspettare un'altro treno.

    3. Ieri, Marco ha perso il lavoro perché arrivava sempre in ritardo.

    _____

    4. Maria ha accettato un nuovo lavoro anche se non le piaceva il capoufficio.

    _____

    5. Michele va in vacanza con amici anche se non ha abbastanza soldi.

    _____

    6. La settimana scorsa Gino ha lavorato sessanta ore ed era molto stanco.

    _____

    7. Marco ha perso il portafoglio in cui teneva la carta di credito e la carta bancomat.

    _____

B. Le frasi ipotetiche. Completa le frasi ipotetiche.

    1. Se tu non vai alla festa, io _____

    2. Se tu non andassi alla festa, io _____

    3. Se tu non fossi andata alla festa, io _____

    4. Se avesse mille dollari, Michele _____

5. Se noi avessimo avuto biciclette quando eravamo piccoli,

_____

6. Se _____, non avrei cambiato lavoro.

7. Se _____, avreste telefonato a Silvia.

8. Se _____, sarebbero arrivati prima.

9. Se _____, Maria avrebbe accettato il lavoro.

10. Se _____, tu apriresti un conto in banca.

C. Ancora le frasi ipotetiche. Adesso crea frasi originali usando i seguenti elementi.

1. essere disoccupato/a:

Se io fossi disoccupata, andrei in un'agenzia di collocamento.

2. volere un aumento dello stipendio:

_____

3. aprire un conto in banca:

_____

4. perdere il libretto degli assegni:

_____

5. sapere il tasso d'interesse:

_____

6. fare straordinari:

_____

7. usare il calcolatore:

_____

8. aprire l'agenda:

_____

9. andare all'ufficio di cambio:

_____

10. essere licenziato:

_____

D. Mini-dialoghi. Scrivi i mini-dialoghi per le situazioni.

1. Mirella si è appena trasferita a Venezia per motivi di lavoro e vorrebbe aprire un conto in banca.

Mirella: _____

Il cassiere: _____

M: _____

C: _____

M: _____

C: _____

2. Gina e Giuseppe vanno in banca perché vogliono chiedere un prestito per comprare una macchina nuova.

Gina & Giuseppe: _____

Il direttore: _____

G & G: _____

D: _____

G & G: _____

D: _____

3. Silvestro parte per gli Stati Uniti fra due giorni e vorrebbe cambiare i soldi.

Silvestro: _____

La cassiera: _____

S: _____

C: _____

S: _____

C: _____

4. Maria e Cinzia hanno appena finito di mangiare in un ristorante. Arriva il cameriere con il conto e quando Maria cerca di pagare con la carta di credito, il cameriere spiega che non l'accettano. Purtroppo le ragazze non hanno contanti.

Il cameriere: _____

Maria & Cinzia: _____

C: _____

M & C: _____

C: _____

M & C: _____

C: _____

M & C: _____

CAPITOLO **13**

Animali domestici

LA LINGUA

I. Il paragone

A. Un po' di pratica. Crea delle frasi coerenti dai pezzi, facendo il paragone indicato. Attenti alla forma dell'aggettivo.

1. Il Canada / + freddo / l'Italia

   _____

2. Le americane / = elegante / le italiane

   _____

3. La musica classica / − bello / la musica jazz

   _____

4. L'italiano / + facile / pensavo

   _____

5. La Finlandia / − popolato / l'Italia

   _____

6. Gina / + basso / Liliana

   _____

7. Angelo / − spiritoso / pensa

   _____

8. Quei vestiti / + stravagante / elegante

   _____

9. Queste lasagne / + buono / quegli spaghetti

   _____

10. Quella città / + interessante / la mia

    _____

11. L'esame / + facile / mi aspettavo

    _____

12. L'Alfa Romeo / − costoso / la Ferrari

    _____

13. Giorgio ha / + soldi / buon senso

_____

14. Io leggo / − riviste / giornali

_____

15. Noi abbiamo / = gatti / cani

_____

16. Loro ricevono / + messaggi elettronici / lettere

_____

B. Fatti e opinioni. Tu che ne pensi? Fa' i tuoi paragoni.

1. Città del Messico / antico / Roma

_____

2. la metropolitana / efficace / una macchina

_____

3. L'estate / piacevole / l'autunno

_____

4. l'oro / bello / l'argento

_____

5. La cucina americana / buono / la cucina italiana

_____

6. Nuotare in piscina / bello / nuotare nel mare

_____

7. I cani / simpatico / i gatti

_____

8. Lo sci / pericoloso / la pesca subacquea

_____

II. L'avverbio

A. Come fa? Completa la seconda parte con un avverbio formato dall'aggettivo nella prima parte.

1. A volte dico le cose stupide. A volte parlo _stupidamente._

2. L'esame è stato facile. L'ho finito _____.

3. È raro che io faccia lo sci. Faccio lo sci _____.

4. Sarà difficile riparare la macchina. È _____ riparabile.

5. Marisa ha i vestiti eleganti. Si veste _____.

6. La sua macchina è veloce. Lui guida _____.

7. Il mio vecchio computer è piuttosto lento. Funziona _____.

8. I treni internazionali sono rapidi. Viaggiano _____.

9. Lui è aperto quando parla di se stesso. Parla di se stesso _____.

VOCABOLARIO E LETTURA

I. Vocabolario

A. Gli animali. Leggi la descrizione e indovina l'animale.

1. Quando si va a pescare, li si prende. _____

2. Porta le uova e i cioccolatini ai bambini a Pasqua. _____

3. Si muove molto lentamente. _____

4. Produce il latte. _____

5. Il re della giungla. _____

6. Costruisce dighe nei fiumi. _____

7. Un insetto giallo e nero che punge. _____

Adesso scrivi tu le descrizioni.

8. l'orso _____

9. la giraffa _____

10. il tacchino _____

11. l'elefante _____

12. il serpente _____

13. il pappagallo _____

B. Ancora gli animali. Rispondi liberamente alle domande.

1. Qual è l'animale più bello? _____

2. Qual è l'animale più brutto? _____

3. Qual è l'animale più feroce? _____

4. Qual è l'animale meno feroce? _____

5. Qual è il tuo animale preferito? Perché?

_____

_____

6. Si dice che l'animale preferito riflette un aspetto del carattere della persona. Per esempio, se il tuo animale preferito è il coniglio, forse sei una persona timida. Quale aspetto del tuo carattere rappresenta il tuo animale preferito?

_____

_____

C. Uscire per divertirsi. Completa le liste di persone o oggetti che si trovano in questi posti.

in discoteca	al cinema	al museo
		la guardia
la musica		
	i sottotitoli	

a teatro	ad un concerto
	il complesso
gli attori	

D. Al cinema. Leggi le descrizioni e decidi la categoria del film. Scegli dalla lista.

spionaggio	fantascienza	amore	avventura
giallo	western	orrore	commedia

1. *Mr. Jones. (Usa '93) di Mike Figgis, con Richard Gere, Lena Olin.* Dura la vita della psichiatra: tutto il giorno ad ascoltare le angosce altrui. Meno male che ogni tanto capita un paziente come Richard Gere, che sarà anche affetto da sindrome maniaco-depressiva, ma regala momenti di grande allegria.

   _____

2. *Riposseduta.* Il diavolo è tornato a perseguitare Nancy Aglet (Linda Blair), ex ragazza indemoniata e oggi moglie e madre felice grazie all'esorcismo di padre Mayii (Leslie Nielsen). Nancy interpella allora padre Luke Brophy (Anthony Starke) che però non ottiene il minimo risultato. Bisogna ricorrere di nuovo al padre Mayii che, per sconfiggere il nemico, si allena in una palestra e scatena i mass media che trasmetteranno l'esorcismo in diretta. Ma il demonio non vuole proprio abbandonare Nancy...

   _____

3. *7 Chili in 7 Giorni.* Alfio (Carlo Verdone) e Silvano (Renato Pozzetto) sono neolaureati in medicina (con il minimo dei voti) che hanno la brillante idea di fondare una clinica per sanare i «ciccioni». Peccato che sotto le loro cure i pazienti ingrassino...

   _____

4. *L'angelo con la pistola.* Lisa (Tahnee Welch) è una splendida ragazza che, da bambina, ha visto uccidere i propri genitori. Crescendo, ha maturato un grosso rancore, che esplode quando si ritrova tra le mani una pistola. Troverà un alleato nel commissario Catani (Remo Girone).

   _____

5. *Due croci a Danger Pass.* Moran è ricco e violento, e terrorizza il villaggio. Alex è il figlio dello sceriffo, che da bambino vede il padre e la madre morire per mano di Moran. Da grande cerca la vendetta, e coinvolge la sorella, Judy. Una coproduzione italo-spagnola.

   _____

6. *L'uomo venuto dalla pioggia.* Un americano cerca in Francia un uomo, che però è stato amazzato dalla donna che ha violentato. L'americano scopre la verità ma... Bronson si aggira con la sua faccia da tartaruga tra le brume francesi. Inizio affascinante, poi routine.

7. *Il Capitano Nemo e la città sommersa.* Sei naufraghi vengono salvati dagli uomini del capitano Nemo (quello del Nautilus) e portati nella città sotto il mare. Ma dopo un po' vogliono scappare: ce la faranno solo in due. Avventura fantastica per ragazzi, ad imitazione Disney.

8. *Agente 007 licenza di uccidere.* Il primo film della serie. James Bond è alle prese con un perfido dottor No, intenzionato a deviare le traiettorie dei missili Usa. Avventure, fascino, belle donne, esotismo, ironia: gli ingredienti di successo ci sono già tutti.

Sources: *Il venerdì di Repubblica,* 17 dicembre 1992, pp. 112, 120, 124, 128; *Telepiù* 20–26 febbraio 1994, pp. 115, 117, 147; *Panorama,* 18 febbraio 1994, p. 141.

E. È qui la festa? Scrivi una descrizione dettagliata della festa da Gianni.

_____

_____

_____

_____

F. Noi e gli animali. Scrivi le tue opinioni.

1. Sei pro o contro la caccia degli animali? Perché?

_____

_____

_____

2. Secondo te, è necessario proteggere animali dall'estinzione? Quali? Perché?

_____

_____

_____

II. La lettura

A. E ora le balene vivranno felici e protette. Leggi l'articolo e rispondi alle domande.

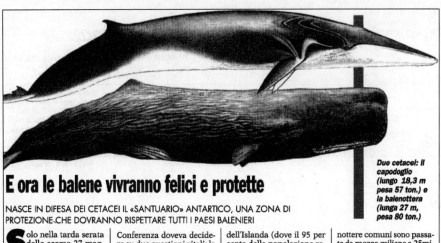

E ora le balene vivranno felici e protette

NASCE IN DIFESA DEI CETACEI IL «SANTUARIO» ANTARTICO, UNA ZONA DI PROTEZIONE CHE DOVRANNO RISPETTARE TUTTI I PAESI BALENIERI

Solo nella tarda serata dello scorso 27 maggio è arrivata da Puerto Vallarta, in Messico, la notizia attesa da milioni di ambientalisti in tutto il mondo. La International Whaling Commission (Commissione baleniera internazionale) composta da 41 Paesi ha finalmente approvato la creazione di un «santuario» antartico per la protezione delle balene. «È un giorno storico», ha commentato uno dei responsabili di Greenpeace che hanno seguito i lavori, Kieran Mulvancy. «La lotta in favore dei grandi cetacei continua, ma questo è l'inizio della fine per l'industria baleniera. La zona di protezione salverà migliaia di esemplari ogni anno e salverà dall'estinzione almeno sei specie».

Iniziata il 23 maggio, la Conferenza doveva decidere su due questioni vitali: la creazione del «santuario», proposta dalla Francia e il rinnovo della moratoria che dal 1989 ha bandito la caccia alle balene. Se sulla carta il risultato dei lavori appariva scontato (solo il Giappone e la Norvegia, Paesi dotati di grandi flotte baleniere, erano contrari), ci sono voluti quattro giorni di accanite discussioni per giungere alla decisione. Il Giappone, dove la carne di balena è uno dei più ricercati piatti nazionali, non ha esitato a «comprare»i voti di alcuni piccoli Paesi in cambio della promessa di aiuti economici. Mentre la Norvegia aveva di fatto riaperto già da tempo la caccia con la scusa delle ricerche scientifiche.

C'è di più. Norvegia e Giappone, con l'appoggio dell'Islanda (dove il 95 per cento della popolazione resta favorevole alla caccia ai cetacei), avevano avanzato all'inizio dei lavori una proposta particolarmente subdola: la fissazione di «quote cacciabili» sulla base della popolazione rilevata. Una proposta che secondo il gruppo ecologista «equivale a poco più che un imbroglio, dato che non abbiamo ancora notizie certe sui flussi migratori e sulla consistenza delle varie specie».

Restano in tutta la loro crudezza i dati del massacro: dal 1904 (quando fu installata in Antartide la prima stazione di caccia alle balene) a oggi sono stati uccisi un milione e mezzo di esemplari. Le conseguenze sono drammatiche: le balene blu sono appena mille contro una popolazione originaria di 250mila, le balenottere comuni sono passate da mezzo milione a 25mila.

Anche se non rappresenta più il lucroso affare di un tempo, la balena rimane insomma una preda preziosa: tutte le parti di questi immensi mammiferi vengono utilizzate, dal grasso (inchiostro da stampa, linoleum, glicerina per dinamite, margarina, candele) ai tendini (punti chirurgici, racchette da tennis), alla ipofisi (un derivato del cortisone per la cura dell'artrite), all'ambra grigia (fissativo per profumi e saponi di bellezza). Senza contare la carne: nell'ottobre dell'anno scorso venne bloccato all'aeroporto di Oslo un carico di 3,5 tonnellate di carne di balena in partenza per la Corea. Sugli imballi era stata stampigliata la scritta: polpa di gamberetti.

Due cetacei: il capodoglio (lungo 18,3 m pesa 57 ton.) e la balenottera (lunga 27 m, pesa 80 ton.)

Source: _L'Europeo_, 8–22 giugno 1994, pp. 100–101.

1. Qual è il nome della specie a cui appartengono le balene?

_____

2. Quanti paesi fanno parte della Commissione Baleniera Internazionale?

_____

3. Dove sarà il santuario per la protezione delle balene?

_____

4. La commissione doveva prendere due decisioni importanti. Quali erano?

    a. _____

    b. _____

5. Quali paesi opponevano la protezione delle balene?

_____

6. Che cosa hanno fatto questi paesi per proteggere il loro diritto alla caccia delle balene?

_____

_____

_____

_____

7. Quant'era la popolazione originaria delle balene? Quant'è oggi?

_____

8. Per quali ragioni si vuole cacciare le balene?

_____

_____

_____

_____

_____

SINTESI E ESPANSIONE

I. I plurali

A. Plurali insoliti. Trasforma l'elemento sottolineato al plurale e riscrivi la frase facendo tutti i cambiamenti necessari.

1. Ieri, dopo la tempesta, ho visto <u>un arcobaleno</u>.

_____

2. <u>Il parafango</u> della bici è rotto.

_____

3. <u>Il capoufficio</u> ha chiesto di fare una riunione.

_____

4. Si usa <u>un cavatappi</u> per aprire una bottiglia di vino.

_____

5. Nonostante la pioggia, la neve, il vento, <u>il portalettere</u> arriva con la posta.

_____

6. Si dice che <u>il gentiluomo</u> non esiste più.

_____

7. <u>Il capolavoro</u> dell'artista è al museo.

_____

8. Quando si regala <u>un portafoglio,</u> porta fortuna metterci dentro dei soldi.

_____

II. Il paragone

A. Comparativi. Scrivi una frase usando il comparativo di maggioranza, uguaglianza o minoranza.

1. Gina è alta 1.56 metri. Maria è alta 1.60 metri.
   Gina è più alta di Maria./Maria è meno alta di Gina.

2. Salvatore è alto 1.70 metri. Anche Marco è alto 1.70 metri.

3. Giuliana gioca bene a tennis. Silvia gioca molto bene a tennis.

4. Silvio pesa cinquanta chili. Sandro pesa cinquantadue chili.

5. Francesca nuota tre volte la settimana. Chiara nuota quattro volte.

6. Mirella ha capelli lunghi. Lucia ha capelli molto lunghi.

7. Ettore mangia la pasta tutti i giorni. Oscar la mangia quattro giorni la settimana.

8. Gino parla sempre al telefono. Giuseppina non parla mai al telefono.

9. Mario è simpatico. Anche Michele è simpatico.

10. Sebastiano cucina bene ma Sandro cucina molto bene.

11. La torta di cioccolato è buona. La crostata è orribile!

B. Il comparativo con due aggettivi. Scrivi una frase usando il comparativo di uguaglianza ($=$), minoranza ($-$) o maggioranza ($+$).

1. la porta ($+$ alta / larga)
   La porta è più alta che larga.

2. Marcello (simpatico $=$ intelligente)

3. la macchina ($+$ fidabile / bella)

4. il cane ($+$ simpatico / intelligente)

5. la scatola (larga $=$ alta)

6. il tappeto (+ giallo / verde)

_____

7. il professore (− interessante / intelligente)

_____

C. Il superlativo. Rispondi alle frasi usando il superlativo.

1. Gina è una brava studentessa. / classe

No! Gina è la più brava studentessa della classe.

2. Marco è un bravo giocatore. / la squadra

_____

3. Silvia è una buona cantante. / il coro

_____

4. L'elefante è un grande animale. / lo zoo

_____

5. Giuseppe è un giornalista interessante. / tutti i giornalisti

_____

6. Enrica è alta. / la famiglia

_____

7. Silvio ha un buon senso di umorismo. / gli amici

_____

II. L'avverbio

A. Dall'aggettivo all'avverbio. Sostituisci l'aggettivo fra parentesi con l'avverbio adeguato.

Giuseppina e Enrico sono sposati da dieci anni. _____ (raro) vanno in vacanza perché hanno pochi soldi. Però, quest'anno hanno deciso di andare in Sardegna per una settimana al mare. Tutt'e due sono _____ (vero) felici di finalmente andare via insieme.

Giuseppina ha organizzato tutto _____ (perfetto). Lunedì hanno preparato le valige e sono partiti. Appena sono arrivati sull'isola, hanno chiamato un tassì per andare all'albergo e hanno chiesto _____ (gentile) al tassista di guidare in fretta perché erano ansiosi di cominciare le vacanze. All'albergo hanno lasciato le valige nella camera e si sono messi i costumi da bagno _____ (veloce) per poi correre alla spiaggia.

B. Hollywood. Leggi il breve passo da un articolo italiano che parla dell'influenza che i film americani hanno in Italia.

A volte Hollywood diventa una saccente maestrina di virtù americane. La metafora dell'uomo qualunque che arriva in alto grazie ai suoi meriti morali (l'american dream) è l'archetipo di base di gran parte del cinema di commedia, da *Mr. Smith va a Washington* di Frank Capra fino a *Pretty Woman* di Gary Marshall.

A volte, invece, l'idea di sogno coincide con la pura evasione e la fantasia più sfrenata. La cultura americana che, come indicava lo storico della letteratura Leslie Fiedler, è l'espressione di una società sempre bambina, sempre adolescente, tiene in vita il «fanciullino» che è in noi, prosaici e vecchi europei. Che povera cosa sarebbe il nostro immaginario senza *Il mago di Oz*, i musical rutilanti di Fred Astaire e Gene Kelly, senza l'angelo biondo Marilyn Monroe, senza i cartoon di Walt Disney e senza la poesia di *E.T.*!

Panorama, 11 giugno 1994, p. 95.

1. Scrivi un riassunto dell'opinione dell'autore nelle tue parole.

_____

_____

_____

_____

_____

2. Sei d'accordo con le sue osservazioni sul cinema americano?

_____

_____

_____

_____

_____

CAPITOLO **14**

Così va il mondo!

LA LINGUA

I. Il causativo

A. Un po' di pratica. Rifai le frasi, usando il causativo. Poi rifalle di nuovo, con pronomi atoni.

1. Gino non lava la macchina. *Fa lavare la macchina.*   *La fa lavare.*

2. Non taglio l'erba. _____ _____

3. Non puliscono la casa. _____ _____

4. Non stiro (*iron*) i vestiti. _____ _____

5. Non preparo la cena. _____ _____

6. Lui non ripara il televisore. _____ _____

B. Chi lo fa? Questa volta di' chi lo fa. Segui l'esempio.

1. Gino non lava la macchina.
   il suo fratellino *Fa lavare la macchina al suo fratellino.*
   Gliela fa lavare.

2. Non taglio l'erba.
   la mia sorellina _____ _____

3. Non puliscono la casa.
   i loro figli _____ _____

4. Non stiro i vestiti.
   mio fratello _____ _____

5. Non preparo la cena.
   i miei amici _____ _____

6. Lui non ripara il televisore.
   Beppe _____ _____

II. I verbi modali

A. Chi lo fa? Rispondi alle domande, seguendo l'esempio. Usa i pronomi atoni quando è possibile.

1. Chi potrebbe tradurmi questa frase?   (io)   *Te la posso tradurre io!*
2. Chi deve preparare la cena?   (Gianna) _____
3. Chi può dirmi la risposta giusta?   (noi) _____
4. Chi vuole andare a Chicago domani?   (io) _____
5. Chi dovrebbe lavare i piatti?   (Giorgio) _____
6. Chi potrebbe spiegarmi la lezione?   (loro) _____
7. Chi vorrebbe assaggiare le lasagne?   (noi) _____

B. Con i pronomi atoni. Riscrivi le frasi, adoperando pronomi atoni per le parti sottolineate.

1. Posso vedere i <u>libri</u>?   *Li posso vedere?* o *Posso vederli?*
2. Devo finire i <u>compiti</u> stasera. _____ o _____
3. Possiamo pagare <u>il conto</u>? _____ o _____
4. Vorrei vedere <u>le foto</u>. _____ o _____
5. Non dovrebbe guardare <u>la TV</u>. _____ o _____
6. Lei è dovuta andare <u>in Italia</u>. _____ o _____
7. Avrei dovuto fare <u>la cena</u>. _____ o _____
8. Ha voluto comprare <u>i libri</u>. _____ o _____
9. Avete potuto trovare <u>la gatta</u>? _____ o _____
10. Siamo dovuti andare <u>a Perugia</u>. _____ o _____
11. Mi ha voluto dare due <u>baci</u>! _____ o _____

III. I pronomi relativi

A. Che o cui?

1. Il ragazzo con _____ parlavo ieri sera si chiama Gustavo.
2. Quel libro _____ ti ho dato vale molto, sai!
3. Ci sono molte ragioni per _____ non posso accompagnarti stasera.
4. La ragazza _____ arriva con Mario è di Bergamo, nell'Italia settentrionale.
5. Laggiù in fondo c'è l'ufficio in _____ lavora Marisella.
6. Non è buono quel vino _____ tu hai comprato ieri.
7. Il tizio da _____ hai comprato quella macchina è poco onesto.
8. Ti piacciono le lasagne _____ facciamo a casa mia?

B. Quel(lo) che ~ ciò che ~ il/la/i/le cui. Quale forma ci vuole nelle frasi seguenti?

1. Non mi piace per niente _____ hai fatto ieri sera!

2. Il ragazzo _____ madre viene da Roma è seduto lì in fondo.

3. È lei la professoressa _____ libro è così famoso?

4. _____ senti è il rumore della lavastoviglie.

5. Lui è il tizio _____ genitori hanno l'appartamento in Messico.

6. Ecco la signora _____ marito ha studiato in Italia.

7. Non mi pare che sia una buon'idea _____ hai intenzione di fare.

8. Stasera dobbiamo finire tutto _____ non è ancora finito.

VOCABOLARIO E LETTURA

I. Vocabolario

A. La casa. In quale/i stanza/e della casa si trovano questi oggetti?

il frigorifero	la vasca da bagno
la doccia	la poltrona
il divano	il ripostiglio
la lavastoviglie	il bidè
il lavandino	la credenza
il lavello	il camino
il tappeto	

il salotto   il bagno

_____   _____

_____   _____

_____   _____

_____   _____

la cucina

_____

_____

_____

_____

_____

B. Ancora la casa. Completa le frasi con la parola adeguata, facendo cambiamenti nelle preposizioni se sono necessari. Scegli dalla lista.

il terrazzo	il mutuo	la lavatrice	la lavastoviglie
la cantina	il pavimento	il garage	la moquette
l'aspirapolvere	la finestra	in affitto	il camino

1. Se non si ha abbastanza soldi per comprare la casa, si deve fare _____.

2. La casa in cui abito non è mia, è una casa _____.

3. Quando non ho voglia di usare la scopa, pulisco con _____.

4. Si lavano i vestiti nel_____.

5. Si lavano i piatti nel_____.

6. Si mette la macchina nel_____.

7. Quando fa bel tempo, mi piace fare colazione fuori casa sul_____.

8. A mia madre non piace il pavimento di marmo, così ha messo _____ in tutta la casa.

9. Teniamo il vino sotto casa in_____.

C. La casa di Alessandro. Descrivi la casa di Alessandro. (Frasi utili: vicino a *'close to'*, a destra di *'to the right of'*, a sinistra di *'to the left of'*, nell'angolo *'in the corner'*).

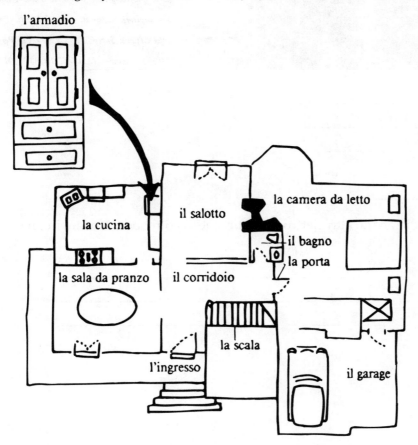

Dall'ingresso si entra nel corridoio. Nella sala da pranzo c'è..._____

_____

_____

_____

_____

_____

_____

D. Gli elettrodomestici. Leggi la pubblicità e fa' una lista degli elettrodomestici che si trovano nel testo.

Si, anche Maria Giovanna Elmi ha scelto per la sua casa i fantastici elettrodomestici SuperCalor, l'azienda che da 25 anni lavora per migliorare i comfort della casa. Tutti gli apparecchi per il riscaldamento, il condizionamento, i deumidificatori, i piccoli elettrodomestici come friggitrici, forni a microonde, forni elettrici, macchine da caffè e sistemi stiranti SuperCalor, sono caratterizzati da un grande rapporto qualità-prezzo. Sceglieteli anche voi, li troverete nei migliori negozi di elettrodomestici. Per ulteriori informazioni: SuperCalor S.p.A. - Via Pergolesi n. 11 20035 Lissone (MI) - Telefono 039/2457542.

_____

_____

_____

_____

_____

Adesso, cerca sul dizionario altri elettrodomestici che si potrebbero trovare in una cucina:

il frullatore 'blender' _____ _____ _____

_____ _____ _____

_____ _____ _____

A. L'uomo e la donna. Scrivi la tua opinione.

1. Qual è l'esperienza più importante nella vita di un uomo?

_____

_____

...nella vita di una donna? _____

_____

_____

2. Secondo te, gli uomini hanno un atteggiamento positivo o negativo verso il matrimonio? Perché?

_____

_____

...e le donne? Perché? _____

_____

_____

3. Secondo te, com'è cambiato il rapporto uomo-donna negli ultimi trent'anni?

_____

_____

_____

_____

B. Una lettura.

Il 1° dicembre 1970 il parlamento approva la legge sul divorzio. «Che rappresenta», dice l'avvocato Bernardini, «una vera rivoluzione. Ci si può sposare, e poi risposare, e poi risposare ancora.» ...

«Nel 1975 il nuovo diritto di famiglia definisce finalmente la parità[1] fra uomo e donna», dice l'avvocato Bernardini, «parità anche dal punto di vista economico. Arriva la comunione dei beni, che rivaluta la funzione di madre e di moglie della donna. Il concetto è: se tu, uomo, hai fatto carriera e guadagni molto, lo devi anche a me, che sono tua moglie, e che provvedendo alla casa e ai figli ti ho risolto tutti i problemi. Per cui, in caso di separazione, tutto appartiene a tutt'e due, tutto andrà diviso a metà....

Dopo il divorzio e il nuovo diritto di famiglia, ecco la legge 194, ovvero la legge che riconosce alla donna la possibilità di interrompere volontariamente la gravidanza. È del 22 maggio 1978, è una legge figlia di aspre battaglie e recriminazioni, figlia di un referendum e di polemiche mai finite, ma è una legge, dice l'avvocato Bernardini, «che di fatto sancisce[2] la libertà sessuale della donna. Forse andrebbe rivista.[3] Forse richiederebbe qualche correttivo. Ma è una legge che rivoluziona, una volta di più, la famiglia italiana. La donna fa uso di contraccettivi, la donna decide da sé la sua maternità, la donna se vuole può rinunciare a quel figlio non desiderato, senza che nessuno glielo possa impedire»....

Anche le mogli, come i mariti, ora pensano al lavoro e alla carriera. «Nel rapporto donna e lavoro la legge è sempre stata carente[4]», dice l'avvocato Bernardini. «Nel '63 viene finalmente introdotto il divieto di licenziamento delle lavoratrici per causa di matrimonio. Nel '71 compaiono gli asili-nido comunali per i bambini fino a tre anni di età. Nel '75 nascono i consultori familiari. Ma è solo nel 1977 che la legge sancisce parità di trattamento tra uomini e donne in materia di lavoro».

Meglio tardi che mai. La donna punta alla carriera. Donne manager. Donne che sembrano uomini. Nascono meno figli. «La cosa più positiva», spiega l'avvocato, «è che oggi la parità fra uomo e donna c'è, è scritta.... Ma resta che la famiglia in questi cinquant'anni ha fatto passi da gigante.»

[1] equality [2] sanctions [3] reconsidered [4] weak
Source: *Oggi*, 23 maggio 1994, pp. 87–88.

1. Un titolo appropriato per l'articolo sarebbe:

____ L'uomo italiano perde il potere

____ La famiglia italiana cambia

____ Il divorzio in Italia

2. L'articolo descrive quattro maniere in cui i rapporti famigliari sono cambiati negli ultimi cinquant'anni. Scrivi il/i numero/i del paragrafo in cui si trovano queste informazioni.

____ lavoro e carriera della donna

____ l'aborto

____ il divorzio

____ parità economica tra uomo e donna

3. In quale anno si fece una legge sul divorzio?

____ 1970   ____ 1975   ____ 1978

4. In quale anno si creò la legge che dichiara che uomini e donne vengono trattati in modo uguale al lavoro?

____ 1950   ____ 1977   ____ 1985

5. Prima della legge che sancisce parità di trattamento tra uomini e donne in materia di lavoro, ci sono stati tre cambiamenti nel campo del lavoro che hanno facilitato il lavoro per le lavoratrici. Quali sono questi cambiamenti?

   a. _____

   b. _____

   c. _____

6. L'ultima frase dell'articolo è: "Ma resta che la famiglia in questi cinquant'anni ha fatto passi da gigante." Sei d'accordo con quest'affermazione? Perché?

   _____

   _____

   _____

   _____

   _____

   _____

SINTESI E ESPANSIONE

A. **I pigri!** Le persone in quest'esercizio non hanno voglia di fare certi lavori e li fanno fare ad altre persone. Scrivi una frase per ogni situazione.

   1. Mio padre non vuole pulire la cantina. (mio fratello)

      Mio padre fa pulire la cantina a mio fratello.

   2. Sandra non vuole rifare il letto. (la sua sorella minore)

      _____

   3. Pietro non vuole mettere la macchina nel garage. (Gino)

      _____

   4. Silvio non vuole prendere il latte dal frigorifero. (Maria)

      _____

   5. Ieri non ho voluto svuotare la lavastoviglie. (i bambini)

      _____

   6. Mia madre non vuole spegnere la televisione. (mio fratello)

      _____

   7. Sandra non ha voluto scrivere la lettera. (la sua amica)

      _____

   8. Quando era giovane, Simone non voleva mai pulire la sua camera. (suo cugino)

      _____

B. **Le trasformazioni.** Cambia le frasi in A usando pronomi d'oggetto diretto e indiretto.

   1. *Mio padre glielo fa rifare.*

   2. _____

3. _____

4. _____

5. _____

6. _____

7. _____

8. _____

C. Hai fatto le faccende? Prima di uscire con amici, la madre di Sandro gli chiede se ha fatto le faccende che gli aveva chiesto di fare il giorno prima. Sandro risponde che ha fatto fare le faccende ad altre persone. Immagina le sue risposte.

1. —Hai pulito la cucina?

   — *L'ho fatta pulire a mio fratello.* _____

2. —Hai fatto il letto?

   — _____

3. —Hai lavato la macchina?

   — _____

4. —Hai pulito il caminetto?

   — _____

5. —Hai lavato il pavimento in cucina?

   — _____

6. —Hai usato l'aspirapolvere in camera tua?

   — _____

D. I verbi modali: Vogliono ma non possono. Le persone in quest'esercizio vogliono fare certe attività ma non possono perché hanno altre cose da fare. Scrivi frasi complete.

1. (io/andare alla festa/studiare)

   Voglio andare alla festa ma non posso perché devo studiare.

2. (Alessio/andare a ballare/fare i compiti)

   _____

3. (Gina e Enrica/fare un giro in macchina con amiche/scrivere alla nonna)

   _____

4. (noi/andare al cinema/pulire il frigo)

   _____

5. (tu e Stefano/fare un giro nel parco/lavorare al computer)

   _____

6. (tu/andare in pizzeria/lavare la macchina)

   _____

E. I consigli. Che cosa dovrebbero fare queste persone?

    1. Marco non riesce a dormire.
    Dovrebbe bere del latte caldo prima di andare a letto.

    2. Silvio non riesce a prendere un voto alto in matematica.
    _____

    3. Gina vuole fare una vacanza ma non ha soldi.
    _____

    4. Sandro e Michele non vedono il loro caro amico da tre anni.
    _____

F. Le possibilità. Che cosa potrebbero fare queste persone?

    1. Il padre di Gino gli ha spedito dei soldi.
    Gino potrebbe andare a ballare.

    2. Noi abbiamo vinto la lotteria.
    _____

    3. Tu hai trovato 100.000 lire nel cestino.
    _____

    4. Michele e Sara hanno vinto una vacanza in qualsiasi posto del mondo.
    _____

G. I sogni. Con una settimana libera, che cosa vorresti fare? Scrivi tre frasi.

    1. _____
    2. _____
    3. _____

H. Le trasformazioni. Cambia le frasi in E, F e G al passato prossimo.

    1. _____
    2. _____
    3. _____
    4. _____
    5. _____
    6. _____
    7. _____
    8. _____
    9. _____
    10. _____
    11. _____

I. I pronomi relativi. Riempi gli spazi con un pronome relativo (e la preposizione se è necessaria).

1. Ho visto la professoressa _di cui_ ti avevo parlato ieri.

2. _____ hai detto è la verità.

3. La ragazza _____ ho dato il libro non è venuta a lezione oggi.

4. La dottoressa _____ ho parlato ieri era molto simpatica.

5. Il ragazzo _____ è uscita Mirella è molto simpatico.

6. La macchina _____ ho comprato è stupenda.

7. _____ fa un corso di lingua italiana impara molto anche sulla cultura italiana.

8. _____ mi dà fastidio è che Mario arriva sempre in ritardo.

9. La ragazza _____ sono andata alla festa è mia cugina.

10. Il cane _____ ho visto per la strada è di Domenico.

J. Le combinazioni. Combina le due frasi con un pronome relativo (e la preposizione se è necessaria).

1. Ho parlato con la professoressa. La professoressa è simpatica.
   La professoressa con cui ho parlato è simpatica.

2. Sono uscita con un ragazzo. Il ragazzo è buffo e interessante.
   _____

3. Ho comprato dei fiori. I fiori sono belli.
   _____

4. Ho comprato un regalo per una cugina. La cugina fa la festa di compleanno venerdì.
   _____

5. Ho studiato con un amico. L'amico è molto intelligente.
   _____

6. Ho visto una bella casa. La casa era enorme.
   _____

K. I rapporti difficili. Guarda le vignette e racconta quello che succede fra Cinzia e Antonio.

_____

_____

_____

_____

Adesso, immagina il dialogo fra Cinzia e Antonio:

Cinzia: _____

Antonio: _____

Cinzia: _____

Antonio: _____

Cinzia: _____

Antonio: _____

CAPITOLO **15**

Idee moda

LA LINGUA

I. Il passivo

A. Un po' di pratica. Riscrivi le frasi al passivo.

1. a. Gli italiani <u>mangiano la pasta</u>. = *La pasta è mangiata dagli italiani.*

   b. Roberto <u>ha comprato la mia moto</u>. = *La mia moto è stata comprata da Roberto.*

2. a. Bea compra il pane. = _____

   b. Bea ha comprato il pane. = _____

_____

3. a. Dino vende i libri. = _____

   b. Dino ha venduto i libri. = _____

_____

4. a. I figli usano la macchina. = _____

   b. I figli hanno usato la macchina. = _____

_____

5. a. Mia madre fa le torte. = _____

   b. Mia madre ha fatto le torte. = _____

_____

6. a. Gigi canta la tua canzone. = _____

   b. Gigi ha cantato la tua canzone. = _____

_____

B. Cos'è successo? Rispondi, usando il passivo.

1. Hai visto il giornale? Qualcuno l'ha buttato via.

È stato buttato via. _____

2. Dove è la mia bicicletta? Forse qualcuno l'ha rubata.

_____

3. Non trovo le mie chiavi. Qualcuno le ha prese.

_____

4. Perché è ancora accesa la radio? Nessuno l'ha spenta.

_____

5. Come mai non c'è il latte in casa? Nessuno l'ha comprato.

_____

6. Dove sono i libri che ho lasciato qui? Qualcuno li ha fregati.

_____

II. Verbo + infinito

A. *a, di* **o niente?** Riempi gli spazi con *a* o *di*, o lascili vuoto.

1. Oggi cominciamo _____ studiare per l'esame. Posso
_____ aiutarti _____ capire tutto.

2. Stasera cerco _____ comprare quel libro che volevi. Spero
_____ trovarlo.

3. Non riesco _____ capire perché Luca non può
_____ accompagnarci.

4. Preferisco _____ mangiare più presto. Ho deciso
_____ studiare stasera.

5. Sono stato costretto _____ venire qui a quest'ora, anche se volevo
_____ dormire.

6. Vorreste _____ aiutarmi _____ spostare il
pianoforte? È pesante!

7. Dario! Perché non ci lasci _____ sentire la musica! Hai finito
_____ fare chiasso?

8. Potresti _____ insegnarmi _____ usare il computer?

9. Penso _____ tornare in Italia quest'estate. Spero
_____ vedere Venezia.

10. Oggi ho cominciato _____ lavorare. Ho deciso
_____ risparmiare per il viaggio.

B. _a, di_ o niente ancora. Finisci la lettera.

Cara Ellen,

  ti ricordi di Angela, la mia amica che lavora qui a Roma? Ha deciso
_____ tornare negli Stati Uniti! Pensava
_____ rimanere per sempre qui in Italia, ma l'anno
scorso ha conosciuto qualcuno, come dice lei, "speciale". Lui ha passato
un semestre qui e adesso studia a Boston e Angela non riesce
_____ pensare _____ altro. E
anche lui (si chiama Brett) pensa solo _____ lei e non
riesce _____ studiare. All'inizio non erano sicuri, cioè
lei, soprattutto, cercava _____ dimenticarlo e ha
provato _____ uscire con degli altri, ma non si
divertiva.

  Bene, vorrei _____ chiederti un piacere. Potresti
_____ spedirmi delle informazioni su quegli
appartamenti dove abiti tu? Angela spera _____
trovare un lavoro lì a Boston, ovviamente, e vorrebbe
_____ sistemarsi proprio nella tua zona. Mi ha chiesto
_____ aiutarla _____ trovare un
piccolo appartamento che non costi troppo, e ho pensato subito
_____l tuo palazzo, visto che lei sarà costretta
_____ vivere nel tuo quartiere o lì vicino.

  Che ne pensi? Speriamo _____ avere le tue notizie
fra poco.

  Adriana

P.S. Scusa la brevità! Preferirei _____ scrivere una di
quelle lettere belle e lunghe, ma non ho finito _____
dare gli esami e sono indaffaratissima. Cerco _____
scriverti una bella lettera la prossima volta!

VOCABOLARIO E LETTURA

I. Vocabolario

A. Regali di Natale. È la vigilia di Natale e i negozi chiudono fra un'ora. Maria è in un negozio d'abbigliamento uomo-donna e ormai deve comprare tutti i regali prima che chiuda. Leggi le descrizioni dei membri della sua famiglia e suggerisci un regalo d'abbigliamento adatto.

1. A Gianni piacciono i film western.

 Gli comprerei degli stivali da cowboy. _____

2. Suo fratello abita a Seattle dove piove spesso.

 _____

3. A Gino piace giocare a calcio.

 _____

4. Suo padre lavora in ufficio e deve vestirsi elegantemente tutti i giorni.

 _____

5. La zia fa una vacanza nelle Hawaii la prima settimana di gennaio.

_____

6. Tutti gli anni suo cugino fa la settimana bianca a Madonna di Campiglio.

_____

7. Sua madre è insegnante in una scuola elementare e tutti i giorni porta la gonna.

_____

8. Maurizio fa una festa durante le vacanze e invita tutti gli amici.

_____

9. Alla nonna non piace portare le scarpe in casa quando vuole rilassarsi.

_____

B. In che cosa posso servirLa? Nei negozi d'abbigliamento in Italia, è considerato scortese se un cliente tocca i vestiti senza l'aiuto di un/a commesso/a. L'usanza in Italia è di avere già un'idea di quello che si vuole e il/la commesso/a lo va a prendere. Descrivi in italiano i vestiti che Giovanna cerca.

1. blue wool sweater
   Cerco un maglione di lana azzurra.

2. plaid pants and a yellow cotton shirt

_____

3. black leather skirt

_____

4. white satin blouse and brown velvet pants

_____

5. polkadot socks

_____

6. grey linen jacket and black pants

_____

7. orange shorts and a white t-shirt

_____

C. Le situazioni. Che cosa si può dire al/la commesso/a in queste situazioni?

1. Ti piacciono i pantaloni e li vuoi comprare, ma sono troppo lunghi.

_____

2. Il/la commesso/a ti ha portato un vestito da provare, ma è troppo grande.

_____

3. Chiedi una maglia azzurra, ma il/la commesso/a ti porta una maglia gialla.

_____

4. A Gina piace la gonna e la vuole comprare, ma è troppo larga in vita (*waist*).

_____

5. Il/la commesso/a insiste che la giacca ti sta benissimo, ma non sei convinto/a. Infatti, pensi che sia proprio brutta.

_____

II. La lettura

A. La storia della moda italiana. Leggi quest'articolo e sottolinea i passi che rispondono alle seguenti domande.

Esplode l'Alta Moda
tra le Macerie di Guerra

Cinquant'anni fa, in Italia e nel mondo scoppiava finalmente la pace. Nelle grandi città rimanevano le macerie delle case bombardate a ricordare la guerra, ma tutti volevano dimenticare, ricostruire, andare avanti. Mentre il Paese rinasceva con fatica, in tutti i campi c'era voglia di nuovo.

Anche le donne facevano sentire la loro voce e cercavano di rimettere in piedi i loro sogni. Dopo anni di miseria, i bei vestiti da sera (senza più coprifuoco[1]), le calze di nylon e i cappotti veri, non più ricavati da coperte rivoltate[2], erano un miraggio per tutte. La voglia di far festa contagiava come una malattia.

Fu in quello straordinario contesto che nacque, dopo timidi e memorabili tentativi, l'Alta Moda italiana....

Negli anni appena dopo la guerra c'era la ferma convinzione che la moda costituisse una componente essenziale dell'esistenza e dalla quale poteva scaturire[3] anche un rassicurante senso della continuità della vita civile. Tanto è vero che a Milano, nel novembre del 1944, ci sono sfilate di alta moda....

Accorrevano, in bicicletta o in corriera[4], le signore sfollate[5] nelle campagne: indossavano calzettoni di grossa lana, scarponi, impermeabili autarchici[6], cappotti fatti con coperte militari, e si consolavano ammirando abiti da pomeriggio e da sera, semmai ricavati dalle tende di casa di Fercioni, uno dei ragazzi prodigio della sartoria italiana.

Ma nell'aprile del 1945 scoppia finalmente la pace. Tutto ricomincia, tutto riprende, ha inizio un lungo periodo di rinascita, di recuperi, di scoperte. Anche nella moda. Lievitano, prendono vita i sogni troppo a lungo disattesi, mortificati e la moda, nelle sartorie, dà forme magiche, altamente creative, a questi rinnovati desideri, a questa sacrosanta esigenza di ritornare a una vita normale.

---

[1]curfew [2]ricavati . . . made from blankets turned inside-out [3]arise, spring forth [4]in . . . by bus [5]evacuated (to escape bombardment) [6]home-made

Source: *Oggi*, 23 maggio 1994, pp. 92–94.

1. Quando è nata l'alta moda in Italia?

2. Perché la moda era importante in questo periodo?

3. Come andavano vestite le signore durante la guerra?

B. I pantaloni. Leggi il breve articolo e rispondi alle domande.

Un breve viaggio nella moda attraverso i pantaloni, indumento praticamente inesistente nel guardaroba femminile fino alla fine degli anni Cinquanta. Comodi e «rivoluzionari», arrivarono nel nostro Paese dalla Francia e dall'America e furono subito adottati dalle donne italiane. A sinistra: un prototipo del jeans datato primi anni Sessanta, con pezze multicolori cucite qua e là e indossato con «ballerine» piatte. Al centro: pantaloni a vita[1] bassa e corpetto[2] in shantung da portare rigorosamente a piedi nudi. Siamo nel '65 ed è lo stile Saint-Tropez lanciato da Brigitte Bardot. A destra: negli anni Settanta i pantaloni erano anche così. Di maglia, leggermente svasati[3] in fondo, senza tasche. È un modello della notissima maglieria Mirsa, fondata da Olga de Gresy.

[1]waist [2]vest [3]flaring

Source: *Oggi*, 23 maggio 1994 p 96.

1. Quando sono arrivati i pantaloni in Italia?_____

2. Da dove sono arrivati i pantaloni?_____

3. Quali sono le differenze tra i tre tipi di pantaloni nella foto?

   _____

   _____

C. La moda moderna. Leggi l'articolo e rispondi alle domande.

> «I veri eleganti? Sono i barboni[1]. Alla gente non interessa il *total look* firmato dallo stilista. Piuttosto preferisce combinare la propria 'storia di moda' con pezzi di varia provenienza, senza stare a guardare etichette[2] o composizioni di tessuti. Oggi siamo contemporaneamente tutti uguali e tutti diversi: in un mondo che diventa sempre più piccolo, grazie ai media e alla comunicazione di massa, vogliamo distinguerci, creare un nostro particolare modo di essere. E di vestirci. È la strada che dà l'input al fashion-system. Non il contrario». Ultimi in ordine di tempo, Domenico Dolce e Stefano Gabbana fanno esplodere la pacifica bomba della libertà nel guardaroba nel presentare la loro nuova linea "D & G": prezzi bassi, modelli originali, destinazione giovanissimi. Con l'intenzione di mandare in frantumi[3] l'idea di un concetto unitario di 'bel vestire'.

[1]hobos, beggars   [2]labels   [3]mandare . . . to smash, break up

Source: *Donna*, gennaio/febbraio 1994, p 140.

Secondo l'articolo:

1. La moda di oggi presenta
   a. pluralismi di stili.
   b. un unico 'look' per tutti.

2. È importante
   a. spendere molto per i vestiti e seguire l'ultima moda.
   b. spendere poco e portare vestiti di tessuti diversi.

3. Le caratteristiche della nuova linea D&G sono:
   a. _____
   b. _____
   c. _____

Da queste tre tappe nell'evoluzione della moda italiana che hai letto, che differenze vedi tra l'atteggiamento (*attitude*) verso la moda nel dopoguerra e l'atteggiamento attuale?

_____

_____

_____

_____

SINTESI E ESPANSIONE

A. Le preposizioni. Riempi gli spazi con *a*, *di* o X (se non c'è bisogno di una preposizione).

Oggi Silvestro ha un giorno di vacanza e vorrebbe _____ fare tante

belle cose. Si alza alle otto e va _____ fare colazione sul terrazzo.

Mentre legge il giornale, suona il telefono.

Silvestro: Pronto?

Giulia: Pronto, Silvestro, sono Giulia. Scusa se ti chiamo così presto di

mattina, ma volevo _____ chiederti

_____ farmi un favore.

Silvestro: Che c'è?

Giulia: Sai che ho fatto domanda di lavorare in un negozio d'abbigliamento
in centro. Mi hanno chiamato ieri e mi hanno chiesto

_____ cominciare _____ lavorare

oggi. Il problema è che è venuta _____ trovarmi mia
cugina da Roma e se vado a lavorare, rimarrà a casa da sola tutto il
giorno.

Silvestro: E speravi _____ convincermi

_____ passare la giornata con lei?

Giulia: Non sei mica costretto _____ farlo. Se non puoi...
capisco.

Silvestro: Non ti preoccupare. Cercherò _____ arrivare a casa
tua al più presto possibile.

Giulia: Grazie, Silvestro. Sei un angelo.

B. Il discorso indiretto. Riscrivi la scena usando il discorso indiretto. Inizia dalla prima
battuta di Giulia.

Giulia si è scusata di aver chiamato molto presto di mattina, ma... _____

_____

_____

_____

_____

_____

_____

_____

_____

C. La storia continua. Continua la storia di Silvestro, Giulia e la cugina di Giulia, usando il discorso indiretto.

Silvestro era scocciato di dovere passare il suo giorno libero con una persona che non conosceva, ma è andato a prendere la cugina di Giulia lo stesso...

_____

_____

_____

_____

_____

_____

_____

_____

_____

D. Il passivo. Riscrivi le frasi alla forma passiva.

1. Marconi ha inventato la radio.

_____

2. Il cuoco preparerà la cena.

_____

3. Michelangelo ha dipinto la Cappella Sistina.

_____

4. Costruirono la chiesa nel 1200.

_____

5. Dante scrisse _La Divina Commedia_ nel Trecento.

_____

6. Gli studenti hanno organizzato la conferenza.

_____

7. Silvio riparerà la macchina.

_____

E. Il passivo con _andare_. Scrivi una frase sinonima usando il passivo con _andare_.

1. Il vestito deve essere lavato.
   Il vestito va lavato.
   _____

2. La bici deve essere riparata.

_____

3. Quella TV deve essere buttata via.

_____

4. La frutta deve essere raccolta (_picked_).

_____

5. I libri devono essere portati alla biblioteca.

_____

6. Quel film deve essere visto da tutti!

_____

F. Basta! Leggi l'opinione di Francesca e rispondi con le tue reazioni.

Basta con i negozi pieni di luci, con i ristoranti sfarzosi[1], con i cibi succulenti. Basta con le automobili che inquinano le nostre città. Basta con i treni superveloci, basta con gli aerei che portano stupidi turisti in paesi dove si muore di fame. Basta con le sfilate di moda che sono un inno[2] alla vanità, basta con i gioielli che offendono la miseria. Basta con il lusso che insulta la povertà. Basta con le pellicce, basta con le borsette lussuose con le scarpe eleganti. Bisogna eliminare il superfluo, tornare ai bisogni esssenziali!

[1] luxurious [2] hymn, anthem

Source: _Oggi_, 27 giugno 1994 p. 76

La tua reazione:

_____

_____

_____

_____

_____

CON FANTASIA

LABORATORY MANUAL

Ci conosciamo?

A. Come si scrive?

> Ricordati: il suono [k] dell'inglese *camp* si scrive   *ca co cu chi che*
> il suono [g] dell'inglese *game* si scrive   *ga go gu ghi ghe*
>
> il suono [č] dell'inglese *chin* si scrive   *cia cio ciu ci ce*
> il suono [ǧ] dell'inglese *gin* si scrive   *gia gio giu gi ge*
>
> It may help to recall some Italian words whose spelling and pronunciation you knew before you began studying Italian: *Chianti, zucchini, spaghetti, ghetto, ciao, cello, Gino.*

1. Sentirai i nomi e cognomi e le città di nascita di alcuni italiani. Ascolta e ripeti i modelli. Poi, ripeti e scrivi il resto.

   MODELLI: Gianna Poggioli—Alghero
               Lucio Franceschi—Erice
               Gilberto Pighi—Piacenza

   a. _____   _____

   b. _____   _____

   c. _____   _____

   d. _____   _____

   e. _____   _____

   f. _____   _____

   g. _____   _____

   h. _____   _____

   i. _____   _____

   j. _____   _____

2. Ascolta le domande, e scrivi delle risposte molto brevi.

   MODELLO: Sei mai stato in Cecoslovacchia?
             Sì, sono stato (sono stata) in Cecoslovacchia.

   a. _____

   b. _____

   c. _____

   d. _____

   e. _____

B. Hai capito?

1. Sentirai la piccola storia di Angela. Prima, però, ascolta le espressioni chiave e ripetile ad alta voce.

parla varie lingue	she speaks several languages
fra cui l'inglese...	among them English . . .
Ad Angela piace molto il suo lavoro	Angela likes her work a lot
gente di tutto il mondo	people from all over the world
ogni tanto deve andare...	every now and then she has to go . . .
almeno una volta all'anno	at least once a year
per visitare i suoi	to visit her parents

2. Ora ascolta la storia di Angela, e controlla le risposte che hai già scritto a pagina 1 del *Workbook*.

3. Poi rispondi ad alta voce alle domande e scrivi le tue risposte.

a. _____

b. _____

c. _____

d. _____

e. _____

C. Ascoltiamo

1. Il brano che segue è una conversazione fra due amici, Matteo e Marisa, che si incontrano in coda alla banca e parlano delle vacanze estive (*summer vacation*). Prima di sentirlo, ascolta le frasi importanti che contengono alcune espressioni chiave.

non vedo l'ora	I can't wait
meno male	so much the better
noi invece	we, on the other hand
beato te	lucky you
al solito posto	to the usual place
(no), nella maniera più assoluta	absolutely not
tocca a me	it's my turn
ci vediamo	we'll see each other
salutami Mario	say hello to Mario for me

Ora ascolta la conversazione con cura, anche due volte se vuoi.

2. Poi rispondi ad alta voce alle domande e scrivi le tue risposte.

a. _____

b. _____

c. _____

d. _____

e. _____

3. Scrivi un breve riassunto della conversazione.

_____

_____

_____

_____

_____

_____

CAPITOLO 2

L'amore!

A. Come si scrive?

> Ricordati: Il suono [sk] dell'inglese *school* si scrive   *sca sco scu schi sche*

1. Ascolta e ripeti: scalo, scodella, scudo, schifo, schermo
pesca, bosco, mascolino, dischi, lische

> Il suono [š] dell'inglese *shoe* si scrive   *scia scio sciu sci sce*

2. Ascolta e ripeti: scialbo, sciolto, sciupare, scirocco, scena
liscia, floscio, asciutto, lasci, pesce

3. Ascolta e scegli la parola che senti.

a. pesche	pesce		**f.** laschi	lasci
b. lische	lisce		**g.** scarpa	sciarpa
c. mosca	moscia		**h.** scocco	sciocco
d. schiena	scena		**i.** schema	scema
e. scalare	scialare			

4. Ascolta e scrivi la parola che senti.

a. _____

b. _____

c. _____

d. _____

e. _____

f. _____

g. _____

h. _____

i. _____

j. _____

k. _____

B. Hai capito? È il 12 agosto, due giorni prima che Sandra e Michele si sposino. Michele è un po' nervoso prima del matrimonio e il suo miglior amico, Paolo, gli fa ricordare tutte le qualità positive della sua sposa.

1. Prima di sentire la conversazione fra Michele e Paolo, ascolta le frasi importanti che contengono alcune espressioni chiave.

Mi sembri un po' giù.	You seem a little down.
Appunto.	Exactly.
Ti pare strano che...?	Does it seem strange to you that . . . ?
Cosa vuoi che sia?	It's no big deal.
una persona in gamba	a lively person, a "hip" person
Te l'avevo detto!	I told you so!
Hai visto?	See?
Avevo ragione!	I was right!

2. Ora ascolta la conversazione fra Michele e Paolo e fa' una lista delle caratteristiche di Sandra che piacciono a Michele.

Le caratteristiche di Sandra che piacciono a Michele:

_____

_____

_____

_____

_____

3. Sandra è una persona veramente in gamba. Però, la sorella di Sandra, Cinzia, non è affatto simile a Sandra. Anche se sono sorelle, sono completamente differenti. Scrivi una descrizione di Cinzia che è la contraria descrizione di Sandra nell'Esercizio 1. [Ferma il nastro.]

_____

_____

_____

_____

_____

[Comincia il nastro.]

C. Ascoltiamo

1. È il giorno del matrimonio di Michele e Sandra. A voce alta, fa' due frasi per dire quello che piace agli invitati.

   MODELLI: Il cugino/le canzoni

   Al cugino piacciono le canzoni.

   Gli piacciono le canzoni.

   le sorelle di Michele/il ristorante

   Alle sorelle di Michele piace il ristorante.

   Gli piace il ristorante.

   a. Michele/Sandra
   b. Sandra/Michele
   c. noi/gli spaghetti
   d. voi/la torta
   e. Michele e Sandra/i regali

   f. gli invitati/la cerimonia
   g. la madre di Sandra/la chiesa
   h. le amiche/l'abito da sposa
   i. gli amici/i vestiti eleganti
   j. il padre di Michele/il ristorante

2. Adesso, di' che cosa piace o non piace a te.

   MODELLO: (non) la bistecca alla griglia

   Non mi piace la bistecca alla griglia.

   a. i fiori
   b. (non) il vestito della zia Maria
   c. le partecipazioni
   d. i tortellini
   e. (non) la macedonia di frutta
   f. il testimonio
   g. (non) lo spumante

3. Dopo il matrimonio, Sandra e Michele fanno la luna di miele a New York. Ascolta le loro osservazioni sulla città e sulla loro attività e fa' una lista delle cose che gli piacciono.

   Gli piace/piacciono:

   a. _____
   b. _____
   c. _____
   d. _____
   e. _____

   f. _____
   g. _____
   h. _____
   i. _____

NEL LABORATORIO

CAPITOLO **3**

Come mi trova, dottore?

A. Come si scrive?

1. Pronuncia le parole in inglese nel riquadro:

ten ales	ten nails
from Ike	from Mike
that I'm	that time

2. Ora ascolta e ripeti queste parole italiane:

pena	penna
cola	colla
fato	fatto

In italiano, le consonanti scritte doppie sono pronunciate lunghe!

3. Ripeti la parola che senti e scegli quale è.

a. Fano	fanno	**f.** note	notte
b. pani	panni	**g.** sete	sette
c. casa	cassa	**h.** beve	bevve
d. caro	carro	**i.** fumo	fummo
e. vile	ville	**j.** Lapo	lappo

4. Ripeti e scrivi la parola che senti.

a. _____	k. _____
b. _____	l. _____
c. _____	m. _____
d. _____	n. _____
e. _____	o. _____
f. _____	p. _____
g. _____	q. _____
h. _____	r. _____
i. _____	s. _____
j. _____	t. _____

7

B. Hai capito?

1. Enrico sta sempre male e si lamenta sempre! Ascolta le sue lamentele e indica con una croce (×) le parti del corpo che gli fanno male.

2. Diverse persone vanno dal dottore e spiegano i loro disturbi. Ascolta i loro sintomi e scegli le risposte del dottore. (Attenzione alla forma formale o informale della risposta.)

   a. Va' a letto! / Vada a dormire!

   b. Prenda un'aspirina! / Prendi un'aspirina!

   c. Non giocare a tennis! / Non giochi a tennis!

   d. Faccia un bagno caldo! / Fa' un bagno caldo!

   e. Prendi un tè con limone! / Prenda un tè con limone!

3. Franco Rino sta male da un mese e finalmente decide di andare dal medico. Leggi la lista dei sintomi che segue e poi ascolta la conversazione fra Franco e la dottoressa Barghini. Segna con una croce (×) i sintomi di Franco.

   la febbre _____   il raffreddore _____

   l'insonnia _____   l'influenza _____

   mal di stomaco _____   mal di gola _____

   la tosse _____   nervosismo _____

   mancanza di appetito _____

4. Quali sono i consigli della dottoressa e perché dà questi consigli? [Ferma il nastro.]

   _____

   _____

   _____

   _____

   _____

   _____

   [Comincia il nastro.]

C. Ascoltiamo

1. Prima di ascoltare l'intervista con Rita Sarinelli, rispondi alle domande personali.
   [Ferma il nastro.]

   a. Che cosa ti crea stress?

   _____

   _____

   b. Quali situazioni creano frustrazioni o fanno arrabbiare?

   _____

   _____

   c. Nella vita sociale, bisogna comportarsi in modo più o meno formale. Secondo te, portare le nostre 'maschere' (*masks*) crea stress? Fingere di essere felici (*pretending to be happy*) quando siamo scontenti crea frustrazioni?

   _____

   _____

   d. Che cosa fai per ridurre lo stress e le frustrazioni nella tua vita?

   _____

   _____

   _____

   [Comincia il nastro.]

2. Ci sono molte parole italiane simili a parole inglesi. Trova le parole corrispondenti.
   [Ferma il nastro.]

a. reprimere	(1)	accumulation
b. causare	(2)	respiration
c. un blocco psicologico	(3)	technique
d. accompagnato	(4)	to vocalize
e. la depressione	(5)	gastritis
f. muscolare	(6)	equilibrium
g. l'ulcera	(7)	to repress
h. la tensione	(8)	accompanied
i. l'aggressività	(9)	to cause
j. l'equilibrio	(10)	expressive
k. il metodo	(11)	to prevent
l. la tecnica	(12)	therapy
m. lo/la psicanalista	(13)	psychological block
n. la respirazione	(14)	acidic substances
o. vocalizzare	(15)	depression
p. espressivo	(16)	muscular
q. prevenire	(17)	ulcer
r. le sostanze acide	(18)	method
s. accumulo	(19)	tension
t. la gastrite	(20)	psychoanalyst
u. la terapia	(21)	aggression

3. Ora, ripeti le parole in italiano.

4. Ascolta l'intervista con Rita Sarinelli, psicologa e sociologa dell'Istituto di Bioenergetica 'Wilhelm Reich' di Roma. La signora Sarinelli spiega come la bioenergetica può eliminare le tensioni quotidiane. Poi, rispondi *vero* o *falso* alle frasi.

   1. Spesso, nella vita, bisogna fingere di essere felici o tranquilli.   V   F

   2. Quando dobbiamo nascondere come ci sentiamo veramente, una conseguenza è lo stress.   V   F

   3. Lo stress non è accompagnato da sintomi fisici come nausea o mal di testa.   V   F

   4. La bioenergetica è un tipo di terapia diffusa in Europa per eliminare la nausea.   V   F

   5. Quando si pratica la terapia bioenergetica, ci si rilassa e si rimane in silenzio per raggiungere il massimo di rilassamento.   V   F

   6. Lo scopo (*goal*) di questa terapia è di eliminare sentimenti aggressivi e tensioni. V   F

Interview adapted from *L'Europeo* , 8–22 giugno 1994, p. 102.

Sei videodipendente?

A. Come si pronuncia?

1. Ascolta e ripeti la pronuncia delle parole seguenti.

a. ogni   **e.** aglio

b. gnocchi   **f.** begli

c. ragno   **g.** foglio

d. magnifico   **h.** gli

Come puoi sentire, il suono di *gn* à simile a quello nella parola *onion*, ma non è lo stesso.
Il suono di *gli* è simile a quello nella parola *million*, ma non è lo stesso.

2. Ascolta e ripeti di nuovo le parole in Esercizio 1.

Poi ascolta e ripeti le parole seguenti.

a. bagno   **e.** figlio

b. cagna   **f.** meraviglia

c. cigno   **g.** foglia

d. mignolo   **h.** ciglio

3. Ascolta, ripeti e poi scrivi le frasi che senti.

1. _____

2. _____

3. _____

4. _____

B. Hai capito?

1. Da bambini, Francesco e Teresa erano buoni amici. Però, quando aveva 15 anni, Francesco si è trasferito da Milano a Palermo con la sua famiglia e ha perso i contatti. Nonostante ciò, Francesco non ha dimenticato Teresa, e un giorno dieci anni dopo decide di scriverle. Quando non gli arriva nessuna risposta, Francesco decide di telefonare. Prima di ascoltare la loro conversazione, fa' gli Esercizi a e b.

   a. Indica con una croce (×) i seguenti posti sulla mappa d'italia.

   1. Milano
   2. Palermo
   3. Bologna
   4. l'isola Lipari
   5. La Sicilia
   6. La Sardegna

   b. Ascolta le frasi importanti che contengono alcune espressioni chiave.

i tuoi, i miei, i suoi, ecc.	your/my/his/her parents
Dunque...	Well . . .
un paio di giorni	a couple of days
riuscire a	succeed at, be able to, manage to
essere d'accordo	agree, be in agreement
non vedere l'ora	be unable to wait, be eager

   c. Ora ascolta la conversazione fra Teresa e Francesco.

   d. Ascolta le frasi e rispondi *vero* o *falso*.

   1. vero   falso
   2. vero   falso
   3. vero   falso
   4. vero   falso
   5. vero   falso

C. Ascoltiamo

1. Ascolta le seguenti frasi e decidi se contengono il congiuntivo o no.
   a. sí, contiene il congiuntivo   no, non contiene il congiuntivo
   b. sí   no
   c. sí   no
   d. sí   no
   e. sí   no
   f. sí   no
   g. sí   no
   h. sí   no

2. Dopo le vacanze a Lipari, Teresa ritorna a Bologna e Francesco ritorna a Palermo. Però, adesso Teresa sente molto la mancanza di Francesco e gli scrive una lettera. Ascolta la lettera di Teresa e rispondi ad alta voce alle domande.

3. Rispondi ad alta voce alle domande.
   a. Come sono andate le vacanze a Lipari?
   b. Perché Teresa scrive a Francesco?
   c. Che cosa suggerisce Teresa?

4. Scrivi la risposta di Francesco. [Ferma il nastro.]

   _____

   _____

   _____

   _____

   _____

   _____

   _____

   _____

   _____

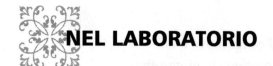

NEL LABORATORIO

CAPITOLO **5**

Un vero ''computer'' da polso

A. Come si pronuncia?

Ricordati: La z (zeta) dell'alfabeto italiano non rappresenta mai il suono [z] delle parole inglesi *zoo, fuzz, ozone*. La lettera z italiana rappresenta due suoni, [ts] e [dz]. Conosci già il suono [ts]: *pizza*. Il suono [dz] è molto simile a quello dell'inglese *sudsy*. Per molte parole, la pronuncia [ts] o [dz] varia da una regione all'altra.

1. Leggi e ripeti.

a.	pazzo	**j.**	gazza
b.	mazzo	**k.**	rozzo
c.	carrozza	**l.**	bizzarro
d.	azione	**m.**	mezzo
e.	lo zucchero	**n.**	lo zero
f.	la zappa	**o.**	lo zaino
g.	la zecca	**p.**	lo zio
h.	senza	**q.**	pranzo
i.	pinza	**r.**	benzina

Se una vocale precede, la scrittura e la pronuncia sono doppie. Le eccezioni sono la sequenza *zi* in parole che corrispondono a *-tion* in inglese (*azione, eccezione, nazione, descrizione*, ecc.) e qualche parola scientifica come *ozono*.

2. Dettato. Scrivi quello che senti. La prima volta ascolta; la seconda volta scrivi.

_____

_____

_____

_____

_____

B. Hai capito?

1. Ascolta la piccola storia della casa Fratelli che si trova nell'Esercizio C alla pagina 42 del *Workbook*. Controlla le tue risposte a pagina 42.

2. Ripeti le frasi chiave della storia ad alta voce.

3. Rispondi alle domande ad alta voce.

14

4. Oggi è il compleanno della nonna di Gino Macini. Ascolta la conversazione fra Gino e sua madre la mattina prima di partire per la casa della nonna. Fa' una lista di tutti i verbi riflessivi o reciproci che senti nel brano. (Un aiuto: Ce ne sono 8.)

a. *alzati*   d. _____   g. _____

b. _____   e. _____   h. _____

c. _____   f. _____

C. Ascoltiamo

1. Rispondi alle domande con l'ora in cui Giovanni fa le seguenti attività.

ESEMPIO: 2,15 PM
A che ora va in palestra Giovanni?
Giovanni va in palestra alle due e un quarto del pomeriggio.

a. 11,00 PM   c. 2,00 PM   e. 4,10 PM   g. 6,45 AM

b. 7,35 AM   d. 9,15 AM   f. 7,00 PM

2. Prima di sentire il brano che segue, ascolta le frasi importanti che contengono alcune espressioni chiave.

il bar all'angolo	the bar on the corner
dalle 9 fino alle 11	from 9 until 11 o'clock
fino a quando	until
all'una precisa	at precisely one o'clock
verso le due	around two o'clock

3. Ascolta la descrizione della giornata di Giovanni e completa la sua agenda.

lunedì, 17 aprile
7,30 _____
8,00 _____
9–11 _____
11–1 _____
1–2 _____
2–2,30 _____
2,30–4,00 _____
4–6 _____
6–7 _____
7,00 _____

4. Guarda l'agenda nell'Esercizio 3 e scrivi le risposte alle domande.

a. _____

b. _____

c. _____

d. _____

e. _____

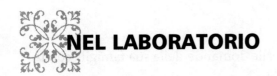

CAPITOLO **6**

In famiglia

A. Come si pronuncia? La *s* in italiano.

La *s* italiana può rappresentare il suono [s] dell'inglese *grease* o il suono [z] dell'inglese *ease*. La cosa più importante per quelli che parlano inglese come madrelingua è questa: È pronunciata sempre [z] quando precede i suoni di *b, d, g, l, m, n, r,* e *v*!

Nell'Italia settentrionale la *s* è pronunciata [z] fra vocali, e nell'Italia meridionale è [s] fra vocali. In alcune zone dell'Italia centrale, soprattutto la Toscana, alcune parole sono pronunciate con [s] (Pisa, casa), altre con [z] (rosa, asilo). L'insegnante può aiutarti a scegliere una norma.

1. Ripeti le seguenti parole.

a. sbaglio
b. sdraio
c. sgranare
d. slitta
e. smalto

f. snodo
g. sradicare
h. sviare
i. snello
j. smania

Alcuni di queste combinazioni di suoni non esistono in inglese. Non ti preoccupare se è un po' difficile la prima volta. Se hai dei problemi a ripetere, ascolta e ripeti di nuovo.

2. Scegli le parole in cui la *s* è pronunciata [z]. [Ferma il nastro]

a. ____ studente
b. ____ sdentato
c. ____ trasformare
d. ____ trasloco
e. ____ rosbif
f. ____ rospo

g. ____ sviluppo
h. ____ sfrenato
i. ____ masnada
j. ____ asma
k. ____ aspro
l. ____ sguardo

3. Ascolta e ripeti le parole in Esercizio 2. Hai scelto bene?

B. Hai capito?

1. Marco Messini ha una grande famiglia. Rispondi alle domande della sua famiglia con la risposta indicata. Rispondi con una frase completa.

   ESEMPIO: 70   Quanti anni ha suo padre?
   Suo padre ha settant'anni.

   a. Tina e Maria

   b. Gino e Silvano

   c. due

   d. Alessandro e Emilio

   e. in un negozio

   f. tre

   g. Enrica

2. Ascolta la descrizione della famiglia di Marco Messini e completa il suo albero genealogico con i nomi dei membri della sua famiglia.

3. La tua famiglia. Scrivi una breve descrizione della tua famiglia. Hai fratelli? cugini? zii? nonni? Quanti anni hanno? Che lavoro fanno? Che fanno per divertirsi? [Ferma il nastro.]

_____

_____

_____

_____

_____

_____

_____

_____

C. Ascoltiamo

1. Trasforma le frasi dal presente al passato prossimo ad alta voce.

ESEMPIO: Partiamo per le vacanze.

Siamo partiti per le vacanze.

a. _____

b. _____

c. _____

d. _____

e. _____

f. _____

g. _____

h. _____

2. La signora Bartoli cerca un contabile (*accountant*) per la sua ditta 'Di Moda'. Ascolta il colloquio e completa il modulo.

Nome _____ Cognome _____

Indirizzo _____

Data di nascita _____ Luogo di nascita _____

Età _____ Sposato/a _____ Nubile/celibe _____

Studi universitari _____

Titolo di studio _____

Impieghi precedenti _____

_____

Passatempo/hobby _____

_____

3. Rispondi alle domande della signora Bartoli come se tu fossi Salvatore Cini. Usa le informazioni nel modulo nell'Esercizio 2.

a. _____

b. _____

c. _____

d. _____

e. _____

f. _____

g. _____

4. Adesso fai tu un colloquio con la signora Bartoli. Rispondi alle sue domande con le tue risposte personali.

a. _____

b. _____

c. _____

d. _____

e. _____

f. _____

g. _____

L'Italia dei viaggi

A. Come si pronuncia? L'accento e lo stress.

1. Ripeti quello che senti.

> Tutte le parole italiane che sono scritte con l'accento sulla vocale finale portano lo stress su quella vocale, cioè la vocale è pronunciata con più forza.

a. l'università	**f.** lui parlò
b. la possibilità	**g.** lei cantò
c. le virtù	**h.** Lei finì
d. il tabù	**i.** due caffè
e. il lunedì	**j.** la tivù

2. Verbi alla terza persona. Ascolta e ripeti.

> Ricordati che i verbi alla terza persona plurale (soggetto *loro*) portano lo stress sulla stessa sillaba che ha lo stress nella forma singolare (soggetto *lei, lui*).

a. porta, portano	**e.** finisce, finiscono
b. canta, cantano	**f.** specializza, specializzano
c. parte, partono	**g.** fabbrica, fabbricano
d. vede, vedono	**h.** telefona, telefonano

3. Nomi geografici. Ascolta e ripeti.

> La pronuncia dei verbi in Esercizio 2 è prevedibile. Però ci sono molte altre parole per le quali bisogna imparare la posizione dello stress, per esempio i nomi di molte città italiane e altri nomi geografici.

a. Bergamo	**h.** Empoli	**o.** Ascoli Piceno
b. Cagliari	**i.** Otranto	**p.** L'Aquila
c. Taranto	**j.** Sassari	**q.** isole Tremiti
d. Nuoro	**k.** Padova	**r.** Lipari
e. Genova	**l.** Modena	**s.** Stromboli
f. Napoli	**m.** Erice	**t.** Ustica
g. Cuneo	**n.** Brindisi	**u.** Capri

B. Hai capito?

1. Rispondi alle domande per i paesi indicati.

   ESEMPIO: Italia   Qual'è la capitale d'Italia?
                          Roma è la capitale d'Italia.

                          Quale lingua parlano gli italiani?
                          Gli italiani parlano l'italiano.

   a. Francia
   b. Spagna
   c. Inghilterra
   d. Germania
   e. Belgio
   f. Danimarca

2. Paul e Lisa partono per l'Europa e Lisa chiede a Paul se lui ha preparato tutte le cose che servono. Ad alta voce, da' le risposte di Paul usando il pronome d'oggetto diretto o indiretto.

   ESEMPIO: Hai comprato la pianta? (sì)
                      Sì, l'ho comprata.

   a. Hai portato i sacchi a pelo? (sì)
   b. Hai comprato i biglietti? (sì)
   c. Hai telefonato a tua madre? (no)
   d. Hai comprato la guida? (no)
   e. Hai parlato con Salvatore? (no)
   f. Hai scritto a Sandro in Italia? (no)
   g. Hai preso il dizionario italiano? (sì)

3. Prima di ascoltare la descrizione del viaggio di Paul e Lisa, scrivi i nomi dei paesi sulla carta geografica. I paesi sono: Inghilterra, Spagna, Danimarca, Belgio, Austria, Francia, Italia, Germania. [Ferma il nastro.]

[Comincia il nastro.]

4. Mentre Paul e Lisa descrivono il loro viaggio in Europa ad un amico, seguili con la tua matita. Comincia a Londra e fa' una riga (*a line*) su tutte le città che Paul e Lisa hanno visitato.

5. Ascolta la storia di nuovo. Stavolta, fa' una lista delle attività di Giuseppe e Chiara:

Arrivano a Londra,

_____

_____

_____

_____

_____

C. Ascoltiamo

1. Il brano che segue è una conversazione fra Paul e Lisa e l'albergatore dell'albergo Ariston. Prima di sentirlo, ascolta le frasi importanti che contengono alcune espressioni chiave.

la camera con il bagno	room with bath
la camera senza bagno	room without bath
Ecco le Sue chiavi.	Here are your keys.
andare dritto	go straight
girare a sinistra	turn left
È sulla sinistra.	It's on the left.

2. Paul e Lisa sono all'Hotel Ariston a Molveno e chiedono una camera. Ascolta la conversazione – anche due volte se vuoi – fra Paul, Lisa e l'albergatore.

3. Decidi se le frasi che senti sono *vere* o *false*.

a. vero   falso

b. vero   falso

c. vero   falso

d. vero   falso

e. vero   falso

Impariamo a mangiar bene

A. Come si pronuncia?

1. Ascolta e ripeti.

   a. fato fatto
   b. Fano fanno
   c. Papa pappa
   d. tuta tutta
   e. cacio caccio
   f. casa cassa

   Se la consonante è lunga, la vocale che la precede è breve.

2. Ripeti le frasi, e rispondi ad alta voce alle domande.
   a. Fanno tutto a Fano.
   b. Pino ha le pinne.
   c. Pippo fuma la pipa.
   d. Nano fa la nanna.
   e. Tito fa tutto.
   f. Mimmo fa il mimo.
   g. Rocco ha poco.

3. Le vocali inglesi e le vocali italiane.

   Di' la parola *boat* lentamente in inglese. Senti che è quasi una combinazione di due vocali, *o* e *u*? Di' *mate*. Senti una cosa simile, che la *a* è una combinazione di due vocali? Questo non si fa in italiano. Si sentono due vocali solo quando due vocali sono scritte, e in questi casi ogni vocale deve essere pronunciata distintamente. Ascolta e ripeti le parole italiane.

   a. le lei
       le parla lei parla
   b. vendè vendei
       lo vendè lo vendei

   Di' la parola inglese, poi ascolta la parola italiana e ripeti in italiano.

   a. boat botte   **f.** pain pena
   b. mold molto   **g.** main mena
   c. sport sport   **h.** lay le
   d. phone fon   **i.** ray re
   e. cone con   **j.** fade fede

4. I suoni *u* e *iu*. Ascolta e ripeti.

a. musica	**i.** più
b. Cuba	**j.** rifiuti
c. puro	**k.** fiume
d. cura	**l.** schiuma
e. cubo	**m.** piuma
f. muto	**n.** chiudo
g. puritano	**o.** diurno
h. futuro	**p.** fiuto

B. Hai capito?

1. Maurizio e i suoi amici oggi fanno molte cose che non facevano quando erano giovani. Segui il modello.

ESEMPIO: Maurizio/mangiare i piselli

Maurizio mangia i piselli.
Da giovane non mangiava i piselli.

a. Silvia/preparare la cena

b. Gino e Maria/ordinare il secondo

c. Tu e Marco/fare i dolci

d. Maurizio/cucinare il pesce

e. Cinzia/piacere il salmone

2. Anche se Maurizio oggi mangia tante cose che non mangiava da piccolo, lui è ancora molto particolare nel mangiare. Ascolta la conversazione fra Maurizio e il cameriere in un ristorante di lusso. Fa' una lista delle cose che Maurizio ordina.

Ristorante Aldo
Piazza S. Elisabetta

Vino/Acqua

Antipasti

Primi

Secondi

Contorni

Dolci

 ***Coperto*
**Servizio

C. Ascoltiamo

1. Ad alta voce descrivi i prodotti che Silvia ha comprato, usando il partitivo *di*. Segui il modello.

ESEMPIO: i fagioli al naturale.
            Silvia ha comprato dei fagioli al naturale.

a. gli spinaci

b. il passato di pomodori

c. il Bel Paese

d. il gorgonzola forte

e. i formaggini Tigre

f. il caffè

2. Il brano che segue è una conversazione fra Silvia e il negoziante del negozio alimentare dove Silvia va a fare la spesa. Prima di sentirlo, ascolta le frasi importanti che contengono alcune espressioni chiave.

una scatola di	a box/can of . . .
950 lire per una scatola da mezzo chilo	950 lire per half-kilo can
un etto di	100 grams of . . .
un pacco da 250 grammi	a 250-gram package
lo scontrino	receipt
la cassa	the cash register

3. Ascolta la conversazione fra Silvia e il negoziante e indica con una croce (×) i prodotti che Silvia sceglie.

la verdura: _____ gli spinaci

                   _____ le carote

                   _____ i fagioli al naturale Gina

                   _____ le patate

i pomodori: _____ i pomodori Cirio

                   _____ i pomodori Pomì

il caffè: _____ il caffè Lavazza

                   _____ il caffè Hag

il formaggio: _____ i formaggini Tigre

                   _____ il gorgonzola forte

                   _____ il gorgonzola dolce

                   _____ il Bel Paese

                   _____ il Parmigiano Reggiano

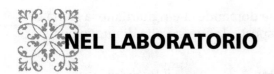

A. Come si pronuncia? La fonetica della frase. L'italiano si pronuncia in modo fluido, cioè non ci sono pause fra le parole. Ascolta:

Antonio ed io andiamo a Napoli.

Piero Giannini è arrivato ieri mattina.

1. Ripeti. La prima volta lentamente, la seconda volta a velocità normale.

a. È venuta Anna.

b. I ragazzi hanno vinto.

c. Me la dai la mela?

d. La moto è rotta.

e. L'acqua è calda e limpida.

f. Ho ricevuto i regali.

g. Orvieto è in Umbria, non in Lazio.

h. Gianluca legge i libri inglesi.

2. Pratichiamo un po'. Ascolta la frase. Ripeti prima le parti e poi tutto, a velocità normale.

a. Glielo leggo.	glielo	leggo	Glielo leggo.
b. Gliene parla.	gliene	parla	Gliene parla.
c. Mirella è meravigliosa.	Mirella	è meravigliosa	Mirella è meravigliosa.
d. Gli gnocchi sono squisiti.	gli gnocchi	sono squisiti	Gli gnocchi sono squisiti.
e. Ognuno se ne compra una.	ognuno	se ne compra una	Ognuno se ne compra una.
f. Scende a Cagliari.	scende	a Cagliari	Scende a Cagliari.
g. Mi è piaciuta Civitavecchia.	mi è piaciuta	Civitavecchia	Mi è piaciuta Civitavecchia.
h. Telefonano ogni tanto.	telefonano	ogni tanto	Telefonano ogni tanto.
i. Chiacchiera parecchio.	chiacchiera	parecchio	Chiacchiera parecchio.
j. Tutta la frutta ha la muffa.	tutta la frutta	ha la muffa	Tutta la frutta ha la muffa.
k. Non ci si può fidare di lui.	non ci si può	fidare di lui	Non ci si può fidare di lui.
l. Se ne sono comprati tanti.	se ne sono comprati	tanti	Se ne sono comprati tanti.

3. **Comprensione.** Ferma il nastro e leggi gli aiuti e le domande che riguardano la storia del viaggio di Mario. Poi ascolta il brano e scrivi le risposte. Infine, ascolta di nuovo per vedere se hai capito bene.

Aiuti: *il pullman* bus   *la nebbia* fog   *il traghetto* ferry
Arezzo una città in Toscana   *Stoccolma* la capitale   *la nave* ship
costoso expensive   della Svezia   *la poltrona* armchair

a. Dove è iniziato il viaggio e quando? _____

_____

b. Quali mezzi di trasporto ha preso Mario per arrivare a Firenze? _____

_____

c. Dove ha preso il primo aereo? Perché l'ha preso lì e non a Roma? _____

_____

d. Perché non ha preso l'aereo per Helsinki? _____

_____

e. Che cosa ha fatto quando è arrivato a Helsinki? _____

_____

f. Che vuol dire *la nebbia fitta fitta?* _____

B. Hai capito?

1. Che cosa si fa alla stazione? Ascolta le frasi e fa' una frase equivalente con il *si impersonale*. Segui il modello.

   MODELLO: <u>Uno fa</u> i biglietti alla stazione.

   Si fanno i biglietti alla stazione.

   a. <u>Tutti guardano</u> il tabellone per l'orario dei treni.
   b. Se <u>uno vuole</u> dormire, <u>prende</u> la cuccetta.
   c. <u>Tutti prendono</u> le coincidenze a Padova.
   d. <u>Tutti prendono</u> il treno per Milano al binario nove.
   e. Se <u>uno non fuma</u>, <u>preferisce</u> lo scompartimento non-fumatori.
   f. Se <u>uno ha</u> fretta, <u>prende</u> il rapido.
   g. Se <u>uno porta</u> molte valige, <u>chiama</u> il facchino.

2. Il brano che segue è una conversazione tra Francesca e il bigliettaio alla stazione dei treni. Prima di sentirla, ascolta le frasi importanti che contengono alcune espressioni chiave.

un biglietto di andata e ritorno	a round-trip ticket
il treno ha un ritardo	the train is late
il supplemento rapido	supplement for a faster train
Da quale binario parte?	From which track does it leave?

3. Francesca è di Firenze ma abita a Milano. Ogni fine-settimana Francesca va a Firenze a trovare la famiglia e uscire con gli amici. Ascolta la conversazione tra Francesca e il bigliettaio alla stazione di Firenze.

4. Ascolta quattro frasi e decidi se sono *vere* o *false*.

a. vero   falso

b. vero   falso

c. vero   falso

d. vero   falso

C. Ascoltiamo

1. Francesca sale sul treno appena prima che parta. Ascolta la conversazione fra Francesca e un altro viaggiatore. Ascolta due volte se vuoi.

2. Ferma il nastro e rispondi alle seguenti domande.

a. Di dov'è Francesca? _____ il ragazzo? _____

b. Francesca e il ragazzo non devono chiedersi di dove sono. Perché?

_____

_____

c. Noti delle differenze tra la pronuncia di Francesca e quella del ragazzo? Quali differenze ci sono?

_____

_____

CAPITOLO **10**

A tutto sponsor!

A. Come si pronuncia?

1. La vocale *i*. La *i* italiana è sempre pronunciata come la [i] dell'inglese *machine*. Non è mai pronunciata come la [I] di *pit, bit*, ecc. Ascolta e ripeti.

   a. in America

   b. in Cina

   c. di Milano

   d. gli Appennini

   e. nei giardini

   f. la mia bicicletta

   g. i tifosi di Torino

   h. via Indipendenza

2. Ripasso di scrittura. Ascolta e scrivi quello che senti.

   a. _____

   b. _____

   c. _____

   d. _____

   e. _____

   f. _____

   g. _____

3. Dettato. Sentirai un breve dettato, che sarà letto due volte. La prima volta, basta ascoltare. Poi ascolta e scrivi quello che senti.

   _____

   _____

   _____

   _____

   _____

B. Hai capito?

1. Ascolta le descrizioni del tempo e decidi se fa bello, brutto, freddo o caldo.

   a. brutto   bello

   b. brutto   bello

   c. brutto   bello

   d. brutto   bello

   e. brutto   bello

2. Ascolta le temperature notturne nelle città italiane e scrivile negli spazi accanto alle città.

In Europa, si misura la temperatura in gradi centigradi, non gradi Fahrenheit come negli Stati Uniti. Per calcolare l'equivalente approssimativa in Fahrenheit della temperatura in gradi centigradi, si fa il seguente calcolo:

gradi centrigradi × 2 + 30 = gradi Farenheit

Quindi, la temperatura a Bolzano in gradi Fahrenheit è:

14 × 2 + 30 = 58 gradi

C. Ascoltiamo

1. Prima di ascoltare un breve passo da un articolo sugli snow-board, guarda la foto e rispondi alle domande che seguono. [Ferma il nastro.]

Source: *Panorama*, 18 febbraio 1994, p. 183.

a. Secondo il titolo dell'articolo, con chi è popolare lo *snow-board* (anche *la tavola* in italiano)?

_____

b. Secondo il titolo, a chi non piace lo snow-board?

_____

c. Gli *snow-boardisti* usano le stesse piste (*ski slopes*) degli sciatori? Secondo te, quali problemi potrebbero crearsi se gli sciatori e gli snow-boardisti condividono le stesse piste?

_____

_____

_____

[Comincia il nastro.]

2. Prima di sentire il brano, ascolta le frasi importanti che contengono alcune espressioni chiave.

un surf sulla neve	surfing on snow
In pista le tavole sono pericolose.	On the slopes snowboards are dangerous.
I discesisti protestano, infastiditi e preoccupati per i danni.	Downhill skiers protest, annoyed and worried about injuries.
devono fare a conti	they must take into account
un principiante / reggersi in piedi	a beginner / to stay upright

3. Ascolta il brano, anche due volte se vuoi, e rispondi alle domande scegliendo le risposte corrette.

a. Lo snow-board dà la sensazione di

_____ nuotare.

_____ sciare a fondo.

_____ volare.

b. Lo snow-board è stato importato da

_____ Europa.

_____ gli Stati Uniti e il Canada.

_____ la Normandia.

c. Ci vogliono più o meno quanti giorni per imparare lo snow-board?

_____ 30 giorni

_____ 3 giorni

_____ 6 giorni

d. Quali sono i difetti degli snow-board secondo gli sciatori? (Un aiuto: Ce ne sono due.)

_____ sono troppo grandi   _____ fanno danni alle piste

_____ sono pericolosi   _____ i profitti delle località sciistiche diminuiscono

CAPITOLO **11**

Incontro con gli astri!

A. Come si pronuncia? La _r_ in italiano.

1. La _r_ italiana è molto diversa da quella dell'inglese. Ascolta e ripeti.

a. motore	**e.** caro	**i.** Roma
b. colore	**f.** pera	**j.** rito
c. cantare	**g.** mare	**k.** ruba
d. partire	**h.** chiaro	**l.** raro

Continua a esercitarti. Lo puoi fare!

2. La _rr_ doppia. Prova un po' a ripetere.

a. carro	**e.** ferro	**i.** marrone	**m.** a Roma
b. terra	**f.** morra	**j.** trarre	**n.** da Rimini
c. serra	**g.** porro	**k.** carrozza	**o.** è raro
d. birra	**h.** narra	**l.** Ferrari	**p.** è rosa

3. _r_ breve e _rr_ doppia. Ascolta e ripeti.

a. La Ferrari è rara.

b. La terra è rossa.

c. l'aroma a Roma

d. di colore marrone

e. I porri sono cari.

f. Berrò una birra.

B. Hai capito?

1. Trasforma le frasi dal presente al futuro ad alta voce.

ESEMPIO: Vado dal dentista.
Andrò dal dentista.

a. Vengo alla festa.

b. Marco e Silvano fanno i compiti.

c. Scriviamo delle lettere.

d. Giochi a tennis con Margherita.

e. Leggo il giornale al bar.

f. Tu e Cinzia pranzate insieme.

g. Io e Lorena studiamo in biblioteca.

h. Tina cerca un nuovo lavoro.

i. Telefono alla segretaria.

j. I ragazzi mangiano al ristorante.

2. Rispondi alle domande usando il futuro o il futuro anteriore secondo il caso.

   MODELLI: Come mai non c'è Maria? (ha dimenticato l'appuntamento)
   Avrà dimenticato l'appuntamento.

   Dov'e Maria? (è a scuola)
   Sarà a scuola.

   a. Perché Mauro ha passato la sera in biblioteca? (ha dovuto studiare)

   b. Dove sono andati tuoi genitori? (sono andati a Roma per il week-end)

   c. Perché Sandro non è venuto alla festa? (non ha avuto il tempo)

   d. Dove sono i miei occhiali? (sono nello zaino)

   e. Cos'ha fatto tuo fratello ieri sera? (ha giocato a calcio tutta la sera)

   f. Com'è Luigi? (sta male)

3. Laura ha diciott'anni. Ascolta la descrizione della sua vita ideale fra vent'anni e fa' una lista di tutti i verbi al futuro.

   a.   **f.**

   b.   **g.**

   c.   **h.**

   d.   **i.**

   e.

4. Ascolta la vita ideale di Laura un'altra volta. Poi, cerca di scrivere quello che ricordi del brano. (Usa i verbi in Esercizio 3 come spunti.)

   _____

   _____

   _____

   _____

   _____

   _____

   _____

C. Ascoltiamo

1. Prima di ascoltare gli annunci di uomini che cercano un partner ideale, ascolta le frasi importanti che contengono alcune espressioni chiavi.

un carattere amabile	a lovable character
più giovane di me	younger than me
ha una carriera	has a career
una persona colta e raffinata	an educated and refined person

2. Ferma il nastro e leggi le schede delle quattro donne. Poi, accendi il nastro e ascolta gli annunci di uomini che cercano la loro anima gemella. Scegli la ragazza perfetta per ciascun uomo secondo la loro descrizione. Scrivi il nome dell'uomo giusto nello spazio.

Francesca:

Stato civile: nubile
Età: 28 anni
Carattere: carattere forte, seria, una persona molto decisa ed ambiziosa
Lavoro: avvocato
Hobby: giocare a calcio, lo snow-board, il nuoto

Il partner ideale è: _____

Sara:

Stato civile: nubile
Età: 29 anni
Carattere: carattere dolce, sincera, divertente, simpatica, generosa
Lavoro: lavora in casa
Hobby: prendersi cura dei nipotini, babysitter

Il partner ideale è: _____

Cinzia:

Stato civile: divorziata
Età: 40 anni
Carattere: spiritosa, vivace, piena d'energia, divertente
Lavoro: commessa in un'agenzia di viaggi
Hobby: viaggiare, ballare, giocare a tennis, lo yoga

Il partner ideale è: _____

Silvia:

Stato civile: nubile
Età: 35 anni
Carattere: romantica, attraente, dinamica, colta
Lavoro: bibliotecaria
Hobby: leggere libri di storia, mangiare in ristoranti di lusso

Il partner ideale è: _____

3. Sandro Picchetti ha trentatrè anni e lavora per l'IBM come programmatore di computer. Ha una vita abbastanza noiosa perché lavora tante ore e non ha molti amici con cui uscire. Finalmente Sandro ha deciso di cambiare la sua vita, conoscere gente e vivere in una maniera completamente diversa. Scrivi tu il suo annuncio in cerca del partner ideale.

_____

_____

_____

_____

_____

NEL LABORATORIO

CAPITOLO 12

Al lavoro!

A. Come si pronuncia?

Hold a dollar bill or a small, lightweight piece of paper about an inch in front of your lips and pronounce the following in English:

Paul piles papers on the porch.

The bill probably moved noticeably, especially with words beginning with *p*. Now hold your hand about an inch from your lips and say:

pot   pat   tot   tat   cot   cat

You can probably feel a puff of air when you pronounce *t* and *c*. If you listen for it, you can also hear the expulsion of breath. This puff of air, called *aspiration*, is almost nonexistent in Italian. It is one of the features that marks the accent of an English-speaker. Now pronounce the words again and try to repress the aspiration. If you can say *Paul piles papers on the porch* without moving the dollar bill, you've mastered it!

1. Ora proviamo in italiano. Ascolta le parole e ripeti, sempre con la banconota davanti alle labbra.

   a. Papa   **e.** tuta   **i.** coca

   b. pipa   **f.** Tito   **j.** cachi

   c. Pippo   **g.** tutto   **k.** chicco

   d. pappa   **h.** tetto   **l.** cocco

2. Ascolta e ripeti le frasi.

   a. È cotto il chilo di carote.   **d.** Carlo canticchia quelle canzoni.

   b. Pippo prepara la pipa.   **e.** Pina piglia la mappa.

   c. Il tino è tutto bucato.   **f.** Tito e Tina traducono tutto.

3. Un po' di poesia.

   a. Se pronunci bene l'italiano, puoi leggere la poesia di Dante Alighieri ad alta voce. Ascolta e ripeti la prima parte di questa famosa poesia di Dante. Sentirai le seconda parte in Capitolo 13.

Tanto gentile e tanto onesta pare	So graceful and courteous appears
La donna mia quand'ella altrui saluta,	My lady when she greets other people
Ch'ogne[1] lingua deven[2] tremando muta,	That every tongue, stammering, falls mute,
E li[3] occhi no[4] l'ardiscon di guardare.	And their eyes don't dare to look at her.
Ella si va, sentendosi laudare,	She goes, hearing herself praised,
Benignamente d'umiltà vestuta[5]	Benignly and in veiled humility
E par[6] che sia una cosa venuta	And it seems she is something come
Da cielo in terra a miracol[7] mostrare.	From heaven to earth to reveal a miracle.

b. Questa poesia fu scritta nel tredicesimo secolo. Quali sono le forme moderne delle parole numerate? [Ferma il nastro.]

1. _____ 3. _____ 5. _____ 7. _____

2. _____ 4. _____ 6. _____

c. Prova a fare una tua traduzione. [Comincia il nastro.]

B. Hai capito?

1. Giochiamo a Jeopardi! Ascolta le risposte che descrivono certi mestieri o professioni e fa' la domanda giusta.

   ESEMPIO: La persona che taglia i capelli.
   Chi è il parrucchiere?

   a. _____

   b. _____

   c. _____

   d. _____

   e. _____

   f. _____

   g. _____

   h. _____

2. Giovanni Bianchi ha voglia di cambiare lavoro per la settima volta e decide che vuole fare il cameriere in un ristorante di lusso. Mentre ascolti il colloquio con il capo-cuoco al ristorante Diana, fa' una lista di tutti i suoi impieghi precedenti e la ragione per cui li ha lasciati.

Impieghi precedenti	Ragione per cui ha lasciato il lavoro
Wendy's	*Ha trovato un lavoro migliore*

3. Alla fine del dialogo, il capo-cuoco fa questa domanda a Giovanni:

   Perché, secondo Lei, dovrei assumere una persona che non ha esperienza come cameriere per lavorare in un ristorante di qualità come il Diana?

   Secondo te, come risponderebbe Giovanni? Scrivi la sua risposta. [Ferma il nastro.]

   _____

   _____

   _____

   _____

C. Ascoltiamo

1. Salvatore è di Napoli ma va a cercare lavoro a Roma. Prima di sentire la lettera che scrive alla madre, ascolta delle frasi importanti che contengono alcune espressioni chiave.

l'agenzia di collocamento	employment agency
i dipendenti	employees
dare le dimissioni	to quit a job
un periodo di prova	trial period
avere un aumento di stipendio	get a raise
fare gli straordinari	do overtime

2. Ascolta la lettera di Salvatore a sua madre.

3. Decidi se le seguenti frasi sono *vere* o *false.*

    a. Un amico ha trovato il lavoro a Technoform per Salvatore.

    b. Technoform è un'azienda grande.

    c. Salvatore guadagna molto il primo mese a Technoform.

    d. Gli impiegati fanno molti straordinari.

    e. Salvatore non è contento di fare straordinari.

4. Quattro delle cinque frasi in Esercizio 3 sono false. Spiega perché ciascuna frase è falsa.

    _____

    _____

    _____

    _____

NEL LABORATORIO

CAPITOLO **13**

Animali domestici

A. Come si pronuncia? Le parole lunghe.

È facile pensare che le parole lunghe siano difficili, ma non è vero! Come sempre in italiano, è possibile dividerle facilmente in sillabe, e le sillabe non sono difficili.

1. Parole a due sillabe. Cominciamo con alcune parole a due sillabe che non sono difficili affatto. Ripeti quello che senti mentre leggi le parole.

   a. cam-po   **e.** bel-lo   **i.** per-ché

   b. la-na   **f.** met-to   **j.** caf-fè

   c. li-bro   **g.** cas-sa   **k.** vir-tù

   d. ca-sa   **h.** tap-po   **l.** can-tò

2. Tre sillabe. Ripeti quello che senti mentre leggi le parole.

   a. ser-pen-te   **e.** ra-pi-do   **i.** Ce-fa-lù

   b. mon-to-ne   **f.** pe-co-ra   **j.** can-ter-à

   c. for-mi-ca   **g.** Tra-pa-ni   **k.** met-te-rò

   d. le-o-ne   **h.** E-ri-ce   **l.** ve-ri-tà

3. Quattro sillabe. Ripeti quello che senti mentre leggi le parole.

   a. pap-pa-gal-lo   **e.** gram-ma-ti-ca   **i.** fab-bri-ca-no

   b. le-o-nes-sa   **f.** ar-ti-co-lo   **j.** ca-pi-ta-no

   c. uc-cel-li-no   **g.** man-gias-se-ro   **k.** ap-pai-o-no

   d. tar-ta-ru-ga   **h.** cen-ti-me-tro   **l.** scri-vi-me-lo

4. Fai tu le sillabe. Leggi la parola, poi ascolta e ripeti. Scrivi la parola, divisa in sillabe. Il numero indica il numero di sillabe della parola.

   a. finto (2)   _____ (*fake, pretend*)

   b. bacio (2)   _____ (*kiss*)

   c. mangiò (2)   _____ (*he/she/it ate*)

   d. isola (3)   _____ (*island*)

   e. maschera (3)   _____ (*mask*)

   f. polipo (3)   _____ (*octopus*)

   g. guidabile (4)   _____ (*driveable*)

   h. analisi (4)   _____ (*analysis*)

   i. anemico (4)   _____ (*anemic*)

   j. angelico (4)   _____ (*angelic*)

   k. farmacia (4)   _____ (*pharmacy*)

   l. bizantino (4)   _____ (*Byzantine*)

40

5. Parole più lunghe. Fa' la stessa cosa. Leggi la parola, poi ascolta e ripeti. Scrivi la parola, divisa in sillabe. Il numero indica il numero di sillabe della parola.

a. calorifico (5) _____ *(filled with calories)*

b. incantevole (5) _____ *(charming, enchanting)*

c. commendevole (5) _____ *(commendable)*

d. inevitabile (6) _____ *(unavoidable)*

e. impenetrabile (6) _____ *(impenetrable)*

f. impenetrabilità (7) _____ *(impenetrability)*

g. disorganizzazione (8) _____ *(disorganization)*

h. inaccessibilità (7) _____ *(inaccessibility)*

i. diciasettemilasettecentosessantasette (15) _____ *(17,777)*

Allora, hai visto? Le parole lunghe in italiano non sono difficili! Basta diverderle in sillabe!

6. Un po' di poesia. Continuiamo la poesia di Dante, "Tanto gentile e tanto onesta pare", che abbiamo sentito nel Capitolo 12. Prima ascolta la prima parte che hai già visto. Poi ascolta e ripeti la seconda parte di questa famosa poesia di Dante.

Tanto gentile e tanto onesta pare
La donna mia quand'ella altrui saluta,
Ch'ogne lingua deven tremando muta,
E li occhi no l'ardiscon di guardare.
Ella si va, sentendosi laudare,
Benignamente d'umiltà vestuta
E par che sia una cosa venuta
Da cielo in terra a miracol mostrare.

Ora il resto:

Mostrasi[1] sì[2] piacente a chi la mira,	She appears so pleasing to whoever sees her
Che dà per gli occhi una dolcezza al core[3],	As to generate through the eyes a sweetness in the heart
Che'ntender no la può chi no la prova:	That can't be understood by those who haven't felt it:
E par che de la[4] sua labbia[5] si mova[6]	And it seems that from her lips there moves
Un[7] spirito soave pien d'amore,	A gentle spirit, full of love,
Che va dicendo a l'anima[8]: "Sospira".	That says to the soul, "Sigh!"

Quattro compiti:

a. Di nuovo, ci sono delle differenze fra l'italiano usato da Dante e l'italiano di oggi. Quali sono le forme moderne delle parole numerate?

1. _____ 3. _____ 5. _____ 7. _____

2. _____ 4. _____ 6. _____ 8. _____

b. Cosa significano le parole accorciate? *'ntender* = _____, *par* = _____, *pien* = _____.

c. Che vuol dire *per* in *per gli occhi?* _____ E *prova* in *chi no la prova?* _____

d. Prova a fare una tua traduzione dell'ultima parte!

B. Hai capito?

1. Come va la vacanza di Giuseppina e Enrico? Rispondi alle domande con una frase completa usando un avverbio. Segui il modello.

ESEMPIO: Enrico telefona alla madre? (regolare)
Enrico telefona alla madre regolarmente.

a. Giuseppina va in vacanza? (raro)
b. Enrico è felice di andare in vacanza? (vero)
c. Come ha preparato le valige Giuseppina? (perfetto)
d. Come ha messo il costume da bagno Enrico? (veloce)
e. Come ha risposto il tassista? (aggressivo)
f. Come ha risposto l'albergatore? (gentile)

2. Ascolta la piccola storia di Giuseppina e Enrico, e controlla le tue risposte nell'Esercizio A alla pagina 116 del *Workbook*. Ascolta anche due volte se vuoi.

3. Dettato. Scrivi le frasi chiave della storia.

a. _____

b. _____

c. _____

d. _____

e. _____

4. Chiudi il libro e rispondi alle domande ad alta voce.

a.

b.

c.

d.

e.

C. Ascoltiamo

1. Jeopardy! Categoria: Gli animali. Ascolta l'indizio e fa' la domanda.

ESEMPIO: il coniglio (la giraffa)

a. il pappagallo   la tartaruga
b. il leone   il gatto
c. la mosca   la formica
d. il coniglio   lo scoiattolo
e. il gallo   la pecora
f. la zanzara   il topo

2. Prima di sentire il brano sulle cicogne (*storks*), leggi il titolo dell'articolo e guarda il disegno per rispondere alle seguenti domande. [Ferma il nastro.]

   a. Le cicogne partono dalla Germania. Dove migrano dalla Germania?

   _____

   _____

   b. Per sapere la rotta (*route*) di volo, come seguono le cicogne gli scienziati?

   _____

   _____

   c. Perché gli scienziati hanno perso contatto con le cicogne?

   _____

   _____

   d. Perché, secondo te, gli scienziati fanno quest'esperimento?

   _____

   _____

   [Comincia il nastro.]

Dove volano le cicogne

DALLA SASSONIA AL SUD AFRICA

Grazie a un minitrasmettitore sul dorso, una cicogna ha trasmesso segnali via satellite durante la sua migrazione alla stazione ornitologica di Radolfzell, in Sassonia.

I ricercatori hanno così potuto seguire tappa dopo tappa, per la prima volta, tutti i suoi spostamenti.

Il contatto si è interrotto, a causa dell'esaurimento delle batterie, in febbraio, mentre sorvolava lo Zimbabwe, durante il viaggio di ritorno in Europa. Adesso la cicogna è attesa in Sassonia.

Source: *Panorama*, 14 maggio 1994, p. 161.

3. Prima di sentire il brano, ascolta delle frasi importanti che contengono alcune espressioni chiave.

Vola novanta chilometri l'ora.	It flies 56 miles an hour.
Sa dormire in volo.	It can sleep in flight.
in modo dettagliato	in a detailed way
Due satelliti ricevevano i segnali.	Two satellites received the signals.

4. Ascolta il brano sullo studio del volo delle cicogne.

5. Decidi se le frasi sono *vere* o *false*. Se vuoi, ascolta il brano un'altra volta prima di rispondere.

   a. Le cicogne cominciano a migrare nell'inverno.   vero   falso

   b. Le cicogne ritornano in Europa in primavera.   vero   falso

   c. Le cicogne partono dall'Italia.   vero   falso

   d. Gli scienziati seguono le cicogne con i binocoli (*binoculars*).   vero   falso

6. Tre delle quattro frasi nell'Esercizio 5 sono false. Scrivete le frasi corrette negli spazi.

   a. _____

   b. _____

   c. _____

CAPITOLO **14**

Così va il mondo!

A. Pronuncia e scrittura: Ripasso 1

1. Facciamo un piccolo ripasso di scrittura e pronuncia di [k] e [č]. Ascolta, ripeti e scrivi le parole.

a. _____   _____

b. _____   _____

c. _____   _____

d. _____   _____

e. _____   _____

f. _____   _____

2. Ora facciamo la stessa cosa con [g] e [ǧ]. Ascolta, ripeti e scrivi le parole.

a. _____   _____

b. _____   _____

c. _____   _____

d. _____   _____

e. _____   _____

f. _____   _____

3. Al lavoro! La tua università ospita un gruppo di illustri studiosi italiani e tu devi scrivere i segnaposti (*placecards*) per la grande cena. Una persona del consolato d'Italia ti dà i nomi per telefono. Scrivili.

1. _____

2. _____

3. _____

4. _____

5. _____

6. _____

7. _____

8. _____

9. _____

10. _____

11. _____

12. _____

4. Dettato. Sentirai delle frasi tre volte. La prima volta, basta ascoltare. Poi comincia a scrivere. Un aiuto: è molto più facile se ripeti ad alta voce!

1. _____.

2. _____.

3. _____.

4. _____.

5. _____.

B. Hai capito?

1. Prima di fare gli esercizi, ascolta delle frasi chiave.

a. Pietro è *a destra* del tavolo.   **b.** Pietro è *a sinistra* del tavolo.

c. Pietro è davanti al tavolo.   **d.** Pietro è *nell'angolo* della stanza.

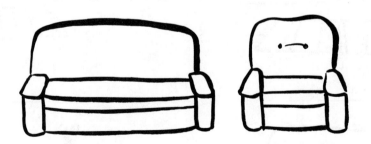

e. Il divano è *accanto* alla poltrona.

2. Ascolta la descrizione e scegli il disegno che viene descritto.

a.

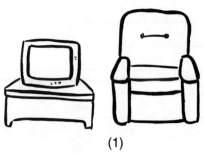
(1)

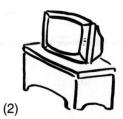
(2)

b.

(1)

(2)

c.

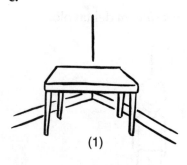
(1)

(2)

d.

(1)

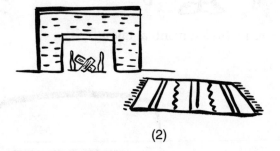
(2)

e.

(1)

(2)

3. Michele è di Roma e va a studiare all'Università di Napoli. Ha passato un mese cercando un appartamento e finalmente ha trovato una casetta. Ascolta la conversazione con sua madre e la descrizione della casa. Completa il disegno della sua casa con tutti i mobili.

C. Ascoltiamo

1. Prima di ascoltare la discussione tra Cinzia e Antonio, ascolta le frasi importanti che contengono alcune espressioni chiave.

essere di cattivo umore	to be in a bad mood
C'è qualcosa che proprio non va.	Something's really wrong.
Io non ce la faccio	I can't manage
stare dietro tutto	to handle everything
Ma che diavolo vuoi?	What on earth do you want?
facciamo la pace	let's make up
un bel compromesso	a good compromise
Chiedo scusa.	I'm sorry.
Ti voglio bene!	I love you!

2. Cinzia e Antonio tornano a casa dopo aver passato la giornata con la famiglia di Cinzia. Sono arrabbiati l'uno con l'altro per varie ragioni. Ascolta la discussione e poi ferma il nastro e rispondi alle domande.

a. Perché Antonio è arrabbiato con Cinzia?

_____

b. Perché Cinzia è arrabbiata con Antonio?

_____

c. Arrivano a due soluzioni. Quali sono?

_____

_____

CAPITOLO **15**

Idee moda

A. Pronuncia e scrittura: Ripasso 2

1. Facciamo un piccolo ripasso della pronuncia delle consonanti doppie, o lunghe. Ascolta, ripeti e scrivi le parole.

   a. _____   _____

   b. _____   _____

   c. _____   _____

   d. _____   _____

   e. _____   _____

   f. _____   _____

   g. _____   _____

   h. _____   _____

   i. _____   _____

2. Ora ascolta, ripeti e scegli la parola che hai sentito.

   a. tuta   tutta
   b. palo   pallo
   c. Luca   Lucca
   d. topo   toppo
   e. pipo   Pippo
   f. lati   latti
   g. bara   barra
   h. baco   Bacco
   i. nono   nonno

3. Proviamo con altre parole. Ascolta, ripeti e scegli la sequenza che hai sentito.

   a. un capello   un cappello
   b. il fato   il fatto
   c. noi parleremo   noi parleremmo
   d. lui cade   lui cadde
   e. io lego   io leggo
   f. le case   le casse
   g. il caro   il carro
   h. lei beve   lei bevve
   i. il polo   il pollo

4. Dettato. Sentirai delle frasi tre volte. La prima volta, basta ascoltare. Poi comincia a scrivere. Un aiuto: è molto più facile se ripeti ad alta voce!

a. _____

b. _____

c. _____

d. _____

e. _____

B. Hai capito?

1. Ascolta la descrizione della situazione e scegli i vestiti che porteresti.

ESEMPIO:

Porterei l'impermeabile. _____

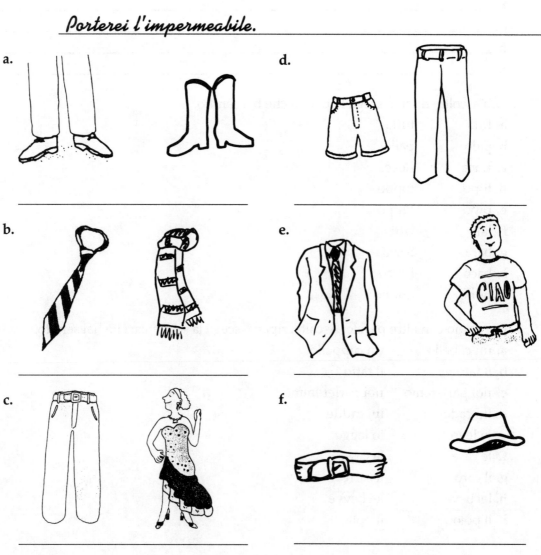

2. Ascolta le descrizioni dei vestiti che portano le seguenti persone e scegli il disegno che rappresenta meglio la descrizione.

a.

b.

c.

d.

e.

3. Ora, scrivi la differenza tra i due disegni nell'Esercizio 2. [Ferma il nastro.]

a. _____

_____

b. _____

_____

c. _____

_____

d. _____

_____

e. _____

_____

[Comincia il nastro.]

C. Ascoltiamo

1. Prima di sentire un brano sui metodi migliori per studiare con maggior efficienza, ascolta delle domande sullo studio e scegli la tua risposta personale.

a. ___ meno di otto ore   ___ otto ore precise   ___ più di otto ore

b. ___ sì   ___ qualche volta   ___ no

c. ___ sì   ___ qualche volta   ___ no

d. ___ sì   ___ qualche volta   ___ no

e. ___ sì   ___ qualche volta   ___ no

f. ___ di mattina   ___ di pomeriggio   ___ di sera

2. Prima di sentire il brano, ascolta delle frasi importanti che contengono alcune espressioni chiave.

tutti possono migliorare	everyone can improve
la rimozione dell'ansia	the absence of anxiety
maratone di studio	study marathons
senza sosta	without a break
aiutano a rievocare un concetto	they help to recall a concept
collegare i concetti	to connect the concepts
un ambiente luminoso e tranquillo	a well-lit and tranquil environment
lo sforzo di memorizzazione	the effort of memorization
a mente sgombra	with a clear mind

3. Ascolta dei consigli per migliorare i metodi di studio. Mentre ascolti, prendi appunti sui *nove* consigli che vengono presentati per ricordare di più con meno sforzo.

1. _____

2. _____

3. _____

4. _____

5. _____

6. _____

7. _____

8. _____

9. _____